6年

実力アップ
英語
練習ノート

特別ふろく

ふろく英語カードの練習ができる！

年	組	名前

「英語練習ノート」はとりはずして使用できます。　Ⓑ

1 職業 ①

📖 読みながらなぞって、もう1回書きましょう。

①

artist
芸術家

artist

artist

②

astronaut
宇宙飛行士

astronaut

------ o ではなく a だよ。

③

carpenter
大工

carpenter

------ a ではなく e だよ。

④

comedian
お笑い芸人

comedian

⑤

dentist
歯医者

dentist

dentist

2 職業 ②

🎴 読みながらなぞって、もう1回書きましょう。

⑥

flight attendant
客室乗務員

flight attendant

┈┈┈ 間をあけるよ。

⑦

musician
ミュージシャン、音楽家

musician

⑧

cook
料理人、コック

cook

┈┈┈ o を2つ重ねるよ。

cook

⑨

pianist
ピアニスト

pianist

pianist

⑩

scientist
科学者

scientist

┈┈┈ a ではなく c だよ。

3 職業 ③

📛 読みながらなぞって、もう1回書きましょう。

⑪

soccer player

サッカー選手

soccer player

------ a ではなく o だよ。

⑫

vet
獣医

vet

vet

⑬

writer
作家

writer

------ w から始まるよ。

writer

⑭

zookeeper
動物園の飼育員

zookeeper

4 身の回りの物 ①

📛 読みながらなぞって、もう1回書きましょう。

⑮

bat
バット

bat

bat

⑯

eraser
消しゴム

⑰

glasses
めがね

glasses

⌐---- sを2つ重ねるよ。

glasses

⑱

ink
インク

ink

ink

5 身の回りの物 ②

❖ 読みながらなぞって、もう１回書きましょう。

⑲

magnet
磁石
じ しゃく

magnet

magnet

⑳

pencil sharpener
えんぴつけずり

pencil sharpener

------ s ではなく c だよ。

㉑

present
プレゼント

present

------ z ではなく s だよ。

present

㉒

racket
ラケット

racket

racket

6 身の回りの物 ③

:::　読みながらなぞって、もう１回書きましょう。

㉓

soccer ball

soccer ball

サッカーボール

㉔

stapler

‑‑‑‑‑‑ a ではなく e だよ。

stapler

stapler

ホッチキス

㉕

smartphone

smartphone

スマートフォン

㉖

umbrella

‑‑‑‑‑‑ l を２つ重ねるよ。

umbrella

かさ

7 スポーツ

📛 **読みながらなぞって、もう1回書きましょう。**

㉗

gymnastics
たいそう
体操

gymnastics

↑ i ではなく y だよ。

㉘

rugby
ラグビー

rugby

rugby

㉙

surfing
サーフィン

surfing

↑ a ではなく u だよ。

surfing

㉚

tennis
テニス

tennis

tennis

㉛

wrestling
レスリング

wrestling

8 食べ物・飲み物 ①

📖 読みながらなぞって、もう1回書きましょう。

㉜

food

食べ物

food

food

㉝

drink

飲み物

drink

drink

㉞

dessert

デザート

dessert

----- s を2つ重ねるよ。

dessert

㉟

menu

メニュー

menu

menu

㊱

omelet

オムレツ

omelet

----- r ではなく l だよ。

omelet

9 食べ物・飲み物 ②

🍞 読みながらなぞって、もう1回書きましょう。

㊲

nut

ナッツ、木の実

nut

------- a ではなく u だよ。

nut

㊳

broccoli

ブロッコリー

broccoli

broccoli

㊴

pumpkin

カボチャ

pumpkin

------- n ではなく m だよ。

pumpkin

㊵

yogurt

ヨーグルト

yogurt

yogurt

㊶

jam

ジャム

jam

jam

10 食べ物・飲み物 ③

📖 読みながらなぞって、もう1回書きましょう。

㊷

pudding

↑ d を2つ重ねるよ。

pudding

pudding
プリン

㊸

donut

donut

donut
ドーナツ

㊹

cookie

cookie

cookie
クッキー

㊺

shaved ice

↑ s ではなく c だよ。

shaved ice
かき氷

㊻

green tea

green tea
緑茶

11 自然 ①

読みながらなぞって、もう１回書きましょう。

㊼

mountain
山

mountain
eではなくaだよ。

㊽

sea
海

sea
aで終わるよ。
sea

㊾

river
川

river
river

㊿

lake
湖

lake
lake

(51)
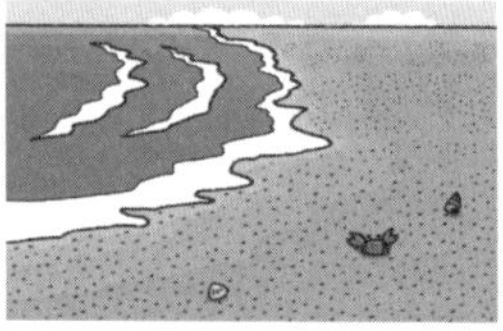
beach
浜辺

beach
aをわすれずに！
beach

12 自然 ②

📛 読みながらなぞって、もう１回書きましょう。

㊾ 52

island
島

island

↑ s をわすれずに！

island

㊾ 53
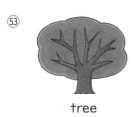
tree
木

tree

tree

㊾ 54

sun
太陽

sun

↑ a ではなく u だよ。

sun

㊾ 55

moon
月

moon

moon

㊾ 56

star
星

star

star

13 自然 ③ / 動物 ①

⚫ 読みながらなぞって、もう1回書きましょう。

⑤⑦

rainbow
にじ

rainbow

rainbow

⑤⑧

giraffe
キリン

giraffe

 ┄┄ f を2つ重ねるよ。

giraffe

⑤⑨

goat
ヤギ

goat

goat

⑥⓪

koala
コアラ

koala

koala

⑥①

penguin
ペンギン

penguin

┄┄ u をわすれずに！

penguin

14 動物 ②

読みながらなぞって、もう1回書きましょう。

⑥2

sea turtle
ウミガメ

sea turtle

<small>------ a ではなく u だよ。</small>

⑥3

whale
クジラ

whale

whale

⑥4

wolf
オオカミ

wolf

wolf

⑥5

zebra
シマウマ

zebra

zebra

⑥6

ant
アリ

ant

ant

15 動物 ③ / 学校行事 ①

■ 読みながらなぞって、もう1回書きましょう。

⑰

butterfly
チョウ

butterfly

------ †を2つ重ねるよ。

⑱

frog
カエル

frog

frog

⑲

entrance ceremony
入学式

entrance ceremony

------ s ではなく c だよ。

⑳

sports day
運動会

sports day

㉑

school trip
修学旅行

school trip

16 学校行事 ②

📖 読みながらなぞって、もう1回書きましょう。

⑦2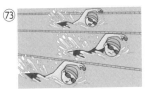

chorus contest

合唱コンクール

chorus contest

⑦3

swimming meet

水泳競技会

swimming meet

⑦4

drama festival

学芸会

drama festival

⑦5

music festival

音楽祭

music festival

┈┈ k ではなく c だよ。

⑦6

field trip

遠足、社会科見学

field trip

┈┈ e をわすれずに！

17 学校行事 ③ / 日本文化 ①

📛 読みながらなぞって、もう１回書きましょう。

⑦⑦

marathon

マラソン

marathon

‥‥‥‥ s ではなく th だよ。

⑦⑧

volunteer day

ボランティアの日

volunteer day

⑦⑨

graduation ceremony

卒業式

graduation ceremony

⑧⓪

cherry blossom

桜(の花)

cherry blossom

‥‥‥‥ s を２つ重ねるよ。

⑧①

fireworks

花火

fireworks

fireworks

18 # 日本文化 ② / 施設・建物 ①

🔖 読みながらなぞって、もう1回書きましょう。

⑧⑫

festival

祭り

festival

festival

⑧③

hot spring

おんせん
温泉

hot spring

⑧④

town

町

town

┄┄┄ a ではなく o だよ。

town

⑧⑤

bookstore

書店

bookstore

┄┄┄ o を2つ重ねるよ。

⑧⑥

convenience store

コンビニエンスストア

convenience store

19 施設・建物 ②

🔖 読みながらなぞって、もう1回書きましょう。

⑧⑦

department store
デパート

department store

⑧⑧

movie theater
映画館

movie theater

┈┈┈┈ s ではなく th だよ。

⑧⑨

bank
銀行

bank

bank

⑨⓪

bakery
パン店

bakery

┈┈┈┈ a ではなく e だよ。

bakery

⑨①

factory
工場

factory

factory

20 施設・建物 ③

🎀 読みながらなぞって、もう1回書きましょう。

92

amusement park

amusement park
遊園地

93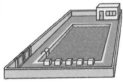

aquarium

↑‥‥‥‥ k ではなく q だよ。

aquarium
水族館

94

swimming pool

↑‥‥‥‥ m を2つ重ねるよ。

swimming pool
プール

95

stadium

stadium

stadium
スタジアム

96

zoo

zoo

zoo
動物園

21 施設・建物 ④

📛 読みながらなぞって、もう１回書きましょう。

⑰

castle
城

castle

castle

t をわすれずに！

⑱

temple
寺

temple

temple

⑲

shrine
神社

shrine

shrine

⑳

garden
庭

garden

garden

㉑

bridge
橋

bridge

bridge

d をわすれずに！

22 様子や状態を表すことば ①

 読みながらなぞって、もう1回書きましょう。

⑩

delicious
とてもおいしい

delicious

⑬

exciting
わくわくさせる

exciting

------- s ではなく c だよ。

exciting

⑭

fun
楽しいこと

fun

------- a ではなく u だよ。

fun

⑮

interesting
おもしろい

interesting

⑯

wonderful
すばらしい、おどろくべき

wonderful

23 様子や状態を表すことば ②

❖ 読みながらなぞって、もう１回書きましょう。

⑩⑦

beautiful
美しい

beautiful

⑩⑧

brave
ゆうかん
勇敢な

brave

⑩⑨

funny
おかしい

funny

a ではなく u だよ。

funny

⑪⑩

popular
人気のある

popular

r ではなく l だよ。

popular

⑪⑪

cute
かわいい

cute

cute

24 様子や状態を表すことば ③

読みながらなぞって、もう１回書きましょう。

⑪

scary
こわい

scary

scary

⑪

thirsty
のどがかわいた

↑------ th で始まるよ。

thirsty

⑭

high
高い

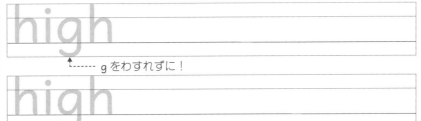

↑------ g をわすれずに！

high

⑮

tall
（背が）高い

tall

tall

25 味

📖 読みながらなぞって、もう1回書きましょう。

⑯

sweet

sweet
あまい

eを2つ重ねるよ。

sweet

⑰

bitter
苦い

tを2つ重ねるよ。

bitter

⑱

sour

sour
すっぱい

sour

⑲

salty

salty
塩からい

salty

⑳

spicy

sではなくcだよ。

spicy
からい、ぴりっとした

spicy

26 動作・活動を表すことば ①

読みながらなぞって、もう1回書きましょう。

⑫㉑

camping

n ではなく m だよ。

camping

camping
キャンプ

⑫㉒

hiking

hiking

hiking
ハイキング

⑫㉓

shopping

p を2つ重ねるよ。

shopping
買い物

⑫㉔

fishing

fishing

fishing
魚つり

⑫㉕

enjoy

enjoy

enjoy
楽しむ

27 動作・活動を表すことば ②

❖ 読みながらなぞって、もう１回書きましょう。

⑫⑥

visit
ほうもん
訪問する

visit

visit

⑫⑦

talk

話す

talk

------ o ではなく a だよ。

talk

⑫⑧

read

読む

read

------ a をわすれずに！

read

⑫⑨

teach

教える

teach

teach

⑬⓪

study

勉強する

study

study

28 動作・活動を表すことば ③

📖 読みながらなぞって、もう1回書きましょう。

⑴³¹

draw
絵をかく

draw

draw

⑴³²

run fast
速く走る

run fast

run fast

⑴³³

jump rope
縄とびをする

jump rope

┆
┆------ a ではなく u だよ。

⑴³⁴

play soccer
サッカーをする

play soccer

29 動作・活動を表すことば ④ / 日課 ①

■ 読みながらなぞって、もう1回書きましょう。

⑬⑤

play the piano

ピアノをひく

play the piano

⑬⑥

ride a unicycle

一輪車に乗る

ride a unicycle

↑----- i ではなく y だよ。

⑬⑦

wash my face

顔をあらう

wash my face

⑬⑧

brush my teeth

歯をみがく

brush my teeth

----- e を2つ重ねるよ。

24 様子や状態を表すことば ③

✿ 読みながらなぞって、もう１回書きましょう。

⑫

scary
こわい

scary

scary

⑬

thirsty
のどがかわいた

thirsty

↑------ th で始まるよ。

thirsty

⑭

high
高い

high

↑------ g をわすれずに！

high

⑮

tall
（背が）高い
せ

tall

tall

25 味

📛 読みながらなぞって、もう1回書きましょう。

⑯

sweet

┈┈┈┈ eを2つ重ねるよ。

sweet

sweet
あまい

⑰

bitter

┈┈┈┈ tを2つ重ねるよ。

bitter

bitter
苦い

⑱

sour

sour

sour
すっぱい

⑲

salty

salty

salty
塩からい

⑳

spicy

┈┈┈┈ sではなくcだよ。

spicy

spicy
からい、ぴりっとした

26 動作・活動を表すことば ①

🌼 読みながらなぞって、もう1回書きましょう。

(121)

camping

キャンプ

camping

┌------ n ではなく m だよ。

camping

(122)

hiking

ハイキング

hiking

hiking

(123)

shopping

買い物

shopping

┌------ p を2つ重ねるよ。

(124)

fishing

魚つり

fishing

fishing

(125)

enjoy

楽しむ

enjoy

enjoy

27 動作・活動を表すことば ②

読みながらなぞって、もう1回書きましょう。

⑫⑥

visit
ほうもん
訪問する

visit

visit

⑫⑦

talk
話す

talk

 oではなくaだよ。

talk

⑫⑧

read
読む

read

------ aをわすれずに！

read

⑫⑨

teach
教える

teach

teach

⑬⓪

study
勉強する

study

study

28 動作・活動を表すことば ③

❈読みながらなぞって、もう1回書きましょう。

⑬

draw
絵をかく

draw

draw

⑬

run fast
速く走る

run fast

run fast

⑬

jump rope
縄とびをする

jump rope

------ a ではなく u だよ。

⑬

play soccer
サッカーをする

play soccer

29 動作・活動を表すことば ④ / 日課 ①

📖 読みながらなぞって、もう1回書きましょう。

⑬⑤

play the piano

play the piano

ピアノをひく

⑬⑥

ride a unicycle

↑------ i ではなく y だよ。

ride a unicycle

一輪車に乗る

⑬⑦

wash my face

wash my face

顔をあらう

⑬⑧

brush my teeth

↑------ e を2つ重ねるよ。

brush my teeth

歯をみがく

30 日課 ②

読みながらなぞって、もう1回書きましょう。

⑬⑨
eat breakfast
朝食を食べる

⑭⓪
eat lunch
昼食を食べる

eat lunch

┈┈┈ a ではなく u だよ。

⑭①
eat dinner
夕食を食べる

eat dinner

┈┈┈ n を2つ重ねるよ。

⑭②
walk my dog
イヌを散歩させる

walk my dog

⑭③
get the newspaper
新聞を取る

get the newspaper

31 日課 ③

❁ 読みながらなぞって、もう1回書きましょう。

⑭

take out the garbage

take out the garbage
ごみを出す

⑭

clean my room

clean my room
部屋のそうじをする

⑭

set the table

┄┄ e ではなく a だよ。

set the table
食卓の準備をする

⑭

wash the dishes

wash the dishes
皿をあらう

⑭

clean the bath

┄┄ a をわすれずに！

clean the bath
風呂のそうじをする

♪ p01

soccer
サッカー

basketball
バスケットボール

Japanese
国語

English
英語

badminton
バドミントン

baseball
野球

math
算数

social studies
社会科

music
音楽

science
理科

volleyball
バレーボール

table tennis
卓球

P.E.
体育

♪ p03

swim
泳ぐ

enjoy
楽しむ

skate
スケートをする

eat
食べる

ski
スキーをする

dance
踊る

♪p02

astronaut
宇宙飛行士

baker
パン焼き職人

pilot
パイロット

doctor
医者

pianist
ピアニスト

comedian
お笑い芸人

singer
歌手

florist
生花店の店員

farmer
農場主

fire fighter
消防士

police officer
警察官

tennis player
テニス選手

bus driver
バスの運転手

study 勉強する

cook 料理をする

visit 訪問する

buy 買う

clean そうじをする

th 20th 21st 22nd 23rd 24th 25th 26th 27th 28th 29th 30th 31st

♪p04

Date

わくわく英語カード
6年 1～79
スピーキングアプリ対応

わくわく英語カード
6年 80～156
スピーキングアプリ対応

1 芸術家

2 宇宙飛行士

3 大工

4 お笑い芸人

5 歯医者

6 客室乗務員

7 ミュージシャン、音楽家

8 料理人、コック

9 ピアニスト

10 科学者

11 サッカー選手

12 獣医

13 作家

14 動物園の飼育員

15 バット

16 消しゴム

使い方

① 切りはなして、リングなどでとじます。

② 音声に続けて言いましょう。音声はこちらから聞くことができます。

③ 日本語を見て英語を言いましょう。

英語が分かったら

覚えて何回も言えたら

かんぺきだと思ったら

それぞれのアイコンを丸で囲みましょう。

付録のスピーキングアプリを
いっしょに使って、
発音の練習もしてみよう！

教科書ワーク　英語　6年
付録　単語カード　80〜156

4
comedian
♪c01

8
cook
chef とも言うよ。cook には
「料理をする」という意味もあるよ。
♪c01

12
vet
♪c01

16
eraser
♪c02

うらめん
裏面の英語を見て、
日本語を言えるかな？

教科書ワーク　英語　6年
付録　単語カード　1〜79

3
carpenter
♪c01

7
musician
♪c01

11
soccer player
♪c01

15
bat
♪c02

2
astronaut
♪c01

6
flight attendant
♪c01

10
scientist
♪c01

14
zookeeper
zoo keeper と2語で
表すこともあるよ。
♪c01

1
artist
♪c01

5
dentist
♪c01

9
pianist
♪c01

13
writer
write は「書く」という
意味だよ。
♪c01

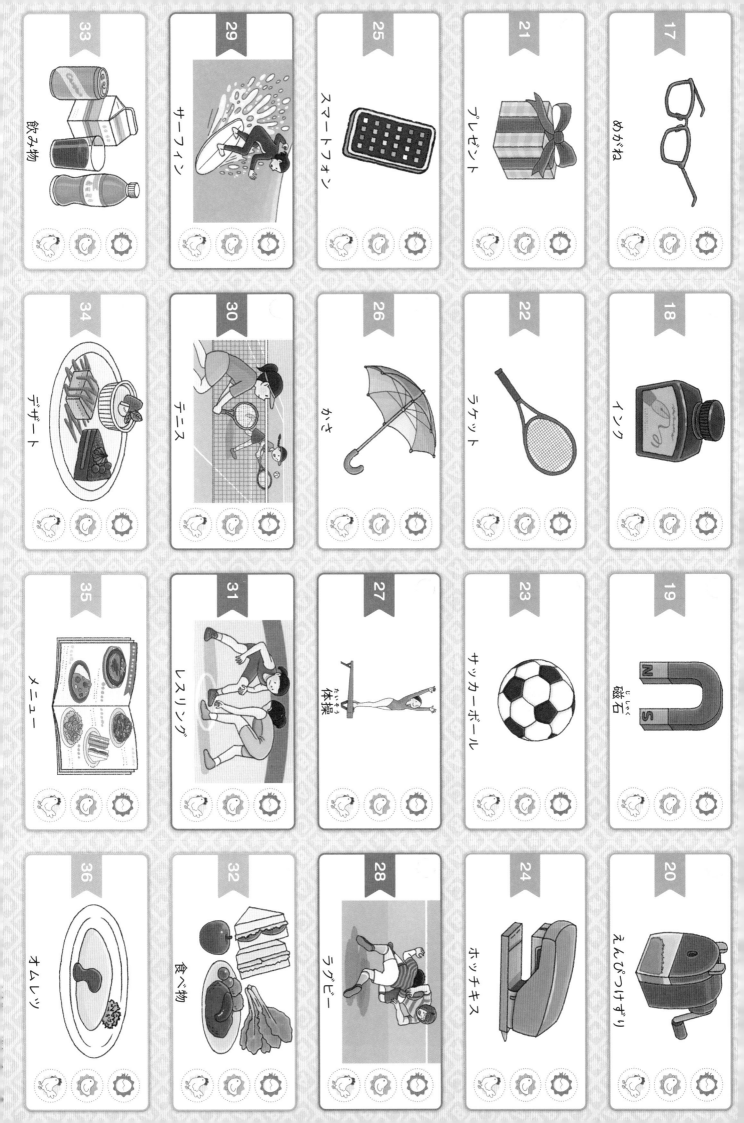

- 17 めがね
- 18 インク
- 19 磁石（じしゃく）
- 20 えんぴつけずり
- 21 プレゼント
- 22 ラケット
- 23 サッカーボール
- 24 ホッチキス
- 25 スマートフォン
- 26 かさ
- 27 体操（たいそう）
- 28 ラグビー
- 29 サーフィン
- 30 テニス
- 31 レスリング
- 32 食べ物
- 33 飲み物
- 34 デザート
- 35 メニュー
- 36 オムレツ

17 glasses	**18** ink	**19** magnet	**20** pencil sharpener
21 present	**22** racket	**23** soccer ball	**24** stapler
25 smartphone phone は「電話」 という意味だよ。	**26** umbrella	**27** gymnastics	**28** rugby
29 surfing	**30** tennis	**31** wrestling	**32** food
33 drink	**34** dessert	**35** menu	**36** omelet

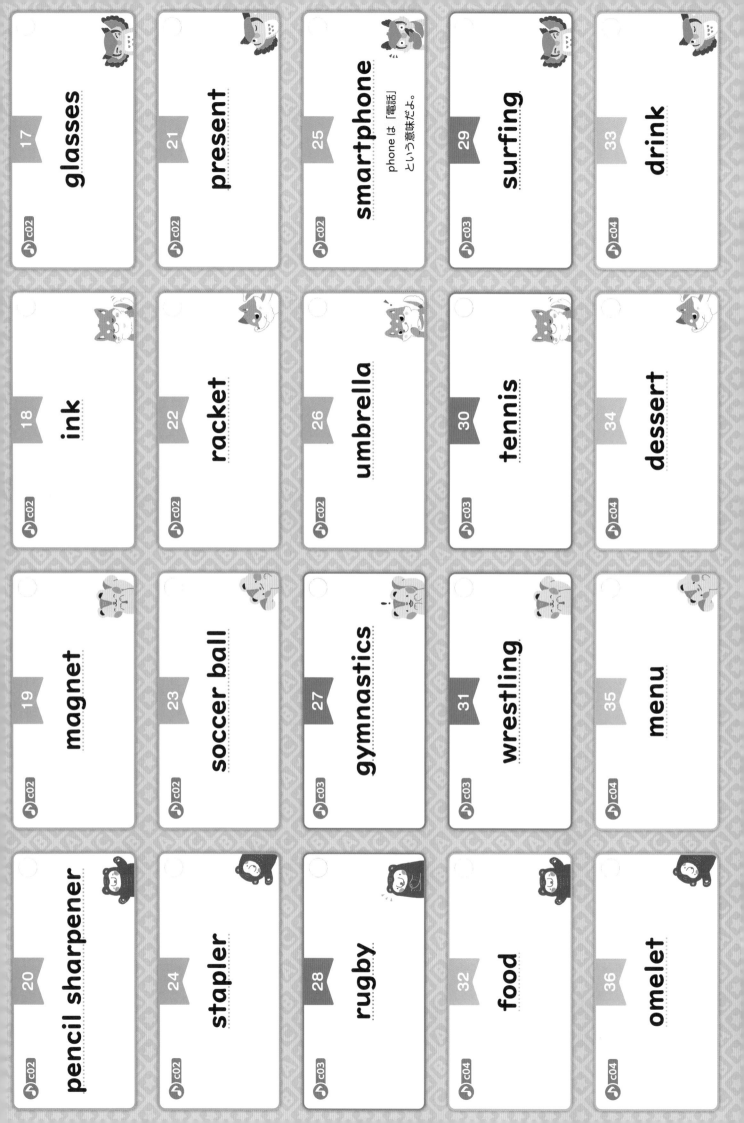

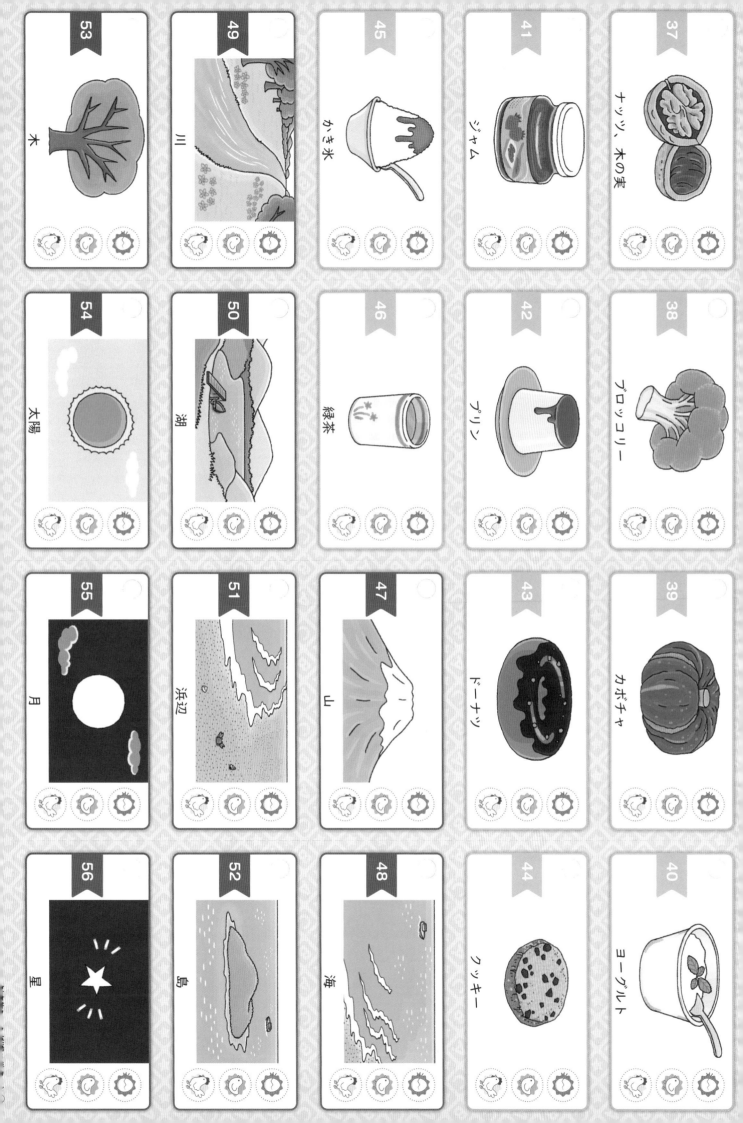

c04

37 nut

38 broccoli

39 pumpkin

40 yogurt

41 jam

42 pudding

43 donut

44 cookie

45 shaved ice
snow cone という
言い方もあるよ。

46 green tea
tea だけだとふつう
紅茶 をさすよ。

c05

47 mountain

48 sea

49 river

50 lake

51 beach

52 island
発音に注意しよう。
s は発音しないよ。

53 tree

54 sun

55 moon
「満月」は full moon
と言うよ。

56 star

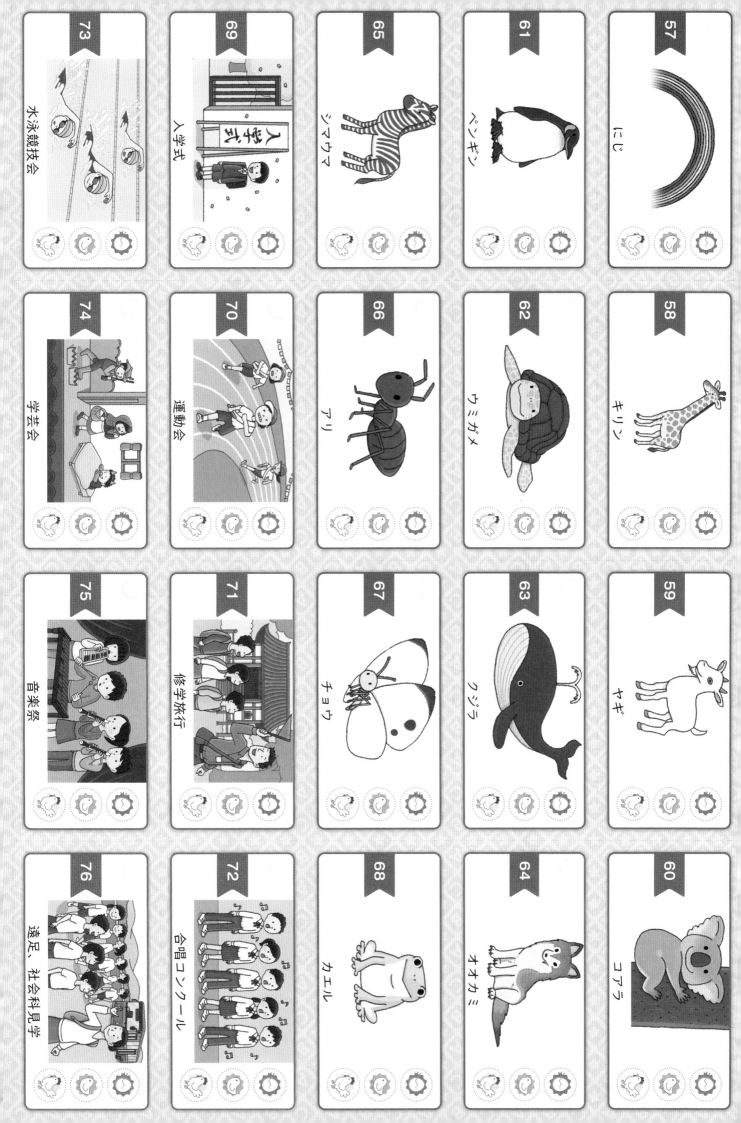

- 57 にじ
- 58 キリン
- 59 ヤギ
- 60 コアラ
- 61 ペンギン
- 62 ウミガメ
- 63 クジラ
- 64 オオカミ
- 65 シマウマ
- 66 アリ
- 67 チョウ
- 68 カエル
- 69 入学式
- 70 運動会
- 71 修学旅行
- 72 合唱コンクール
- 73 水泳競技会
- 74 学芸会
- 75 音楽祭
- 76 遠足、社会科見学

57 c05 rainbow

58 c06 giraffe

59 c06 goat

60 c06 koala

61 c06 penguin

62 c06 sea turtle
turtle は「カメ」という意味だよ。

63 c06 whale

64 c06 wolf
2ひき以上は wolves だよ。

65 c06 zebra

66 c06 ant

67 c06 butterfly
2ひき以上は butterflies だよ。

68 c06 frog

69 c07 entrance ceremony
entrance は「入口」という意味もあるよ。

70 c07 sports day
sports festival という言い方もあるよ。

71 c07 school trip

72 c07 chorus contest

73 c07 swimming meet
swim meet という言い方もあるよ。

74 c07 drama festival

75 c07 music festival
school concert という言い方もあるよ。

76 c07 field trip

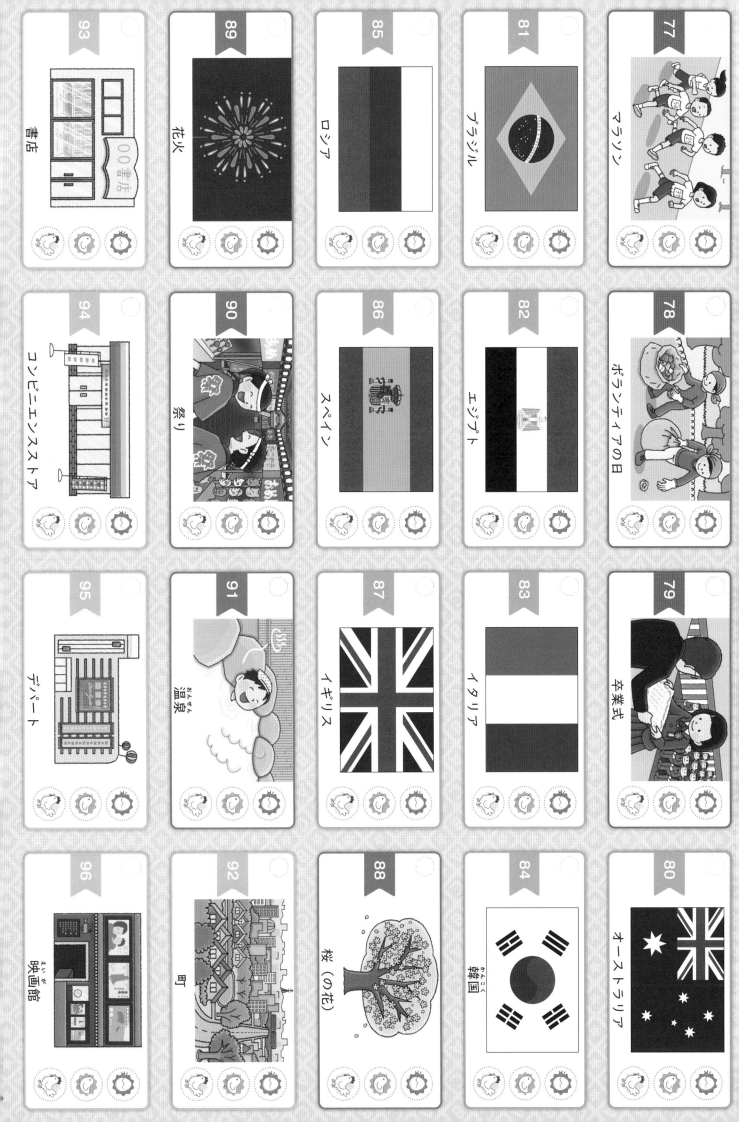

93 書店	89 花火	85 ロシア	81 ブラジル	77 マラソン
94 コンビニエンスストア	90 祭り	86 スペイン	82 エジプト	78 ボランティアの日
95 デパート	91 温泉	87 イギリス	83 イタリア	79 卒業式
96 映画館	92 町	88 桜（の花）	84 韓国	80 オーストラリア

77 c07
marathon

78 c07
volunteer day

79 c07
graduation ceremony
graduation day と
いう言い方もあるよ。

80 c08
Australia

81 c08
Brazil

82 c08
Egypt

83 c08
Italy

84 c08
Korea
South Korea という
言い方もあるよ。

85 c08
Russia

86 c08
Spain

87 c08
the U.K.
the United Kingdom
を短くした言い方だよ。

88 c09
cherry blossom

89 c09
fireworks

90 c09
festival

91 c09
hot spring

92 c10
town
似たものに city（市、都市）
があるよ。

93 c10
bookstore

94 c10
convenience store

95 c10
department store

96 c10
movie theater
theater は「劇場」と
いう意味だよ。

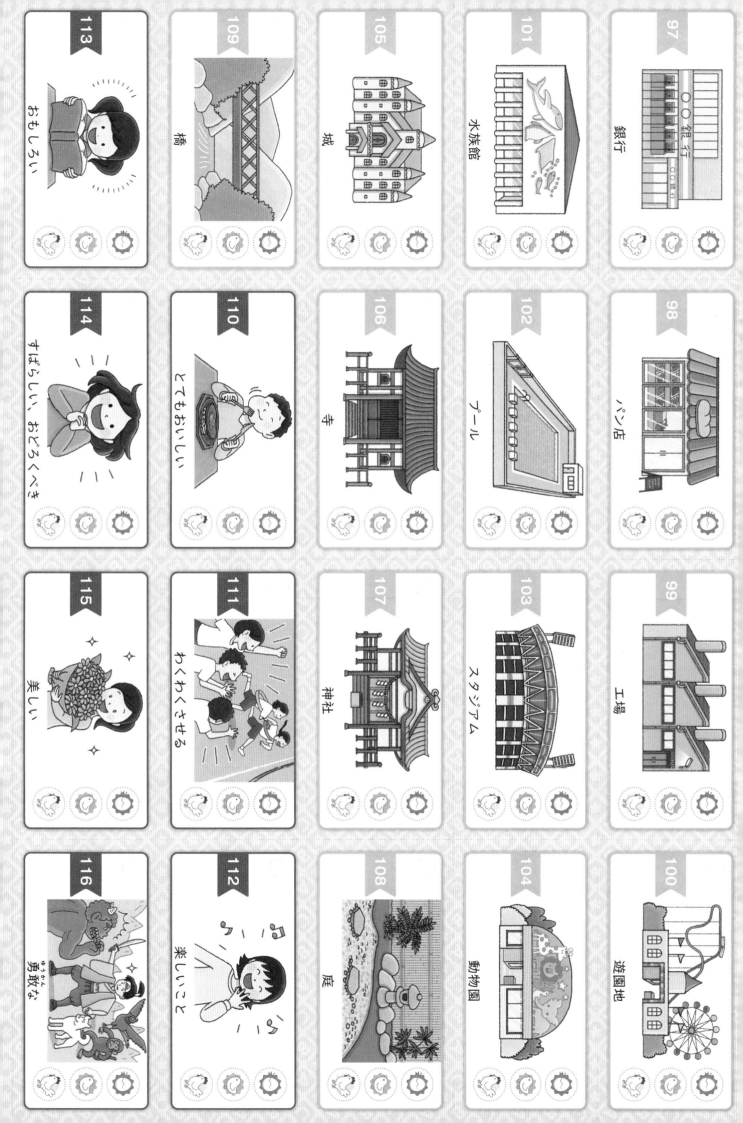

97 銀行 ○○銀行
98 パン店
99 工場
100 遊園地
101 水族館
102 プール
103 スタジアム
104 動物園
105 城
106 寺
107 神社
108 庭
109 橋
110 とてもおいしい
111 わくわくさせる
112 楽しいこと
113 おもしろい
114 すばらしい、おどろくべき
115 美しい
116 勇敢な

№	c10	bank

97 · c10 · bank

98 · c10 · bakery

99 · c10 · factory

100 · c10 · amusement park

101 · c10 · aquarium

102 · c10 · swimming pool
swimmimg は「水泳」という意味だよ。

103 · c10 · stadium

104 · c10 · zoo

105 · c10 · castle
発音に注意しよう。t は発音しないよ。

106 · c10 · temple

107 · c10 · shrine

108 · c10 · garden

109 · c10 · bridge

110 · c11 · delicious

111 · c11 · exciting

112 · c11 · fun

113 · c11 · interesting

114 · c11 · wonderful

115 · c11 · beautiful

116 · c11 · brave

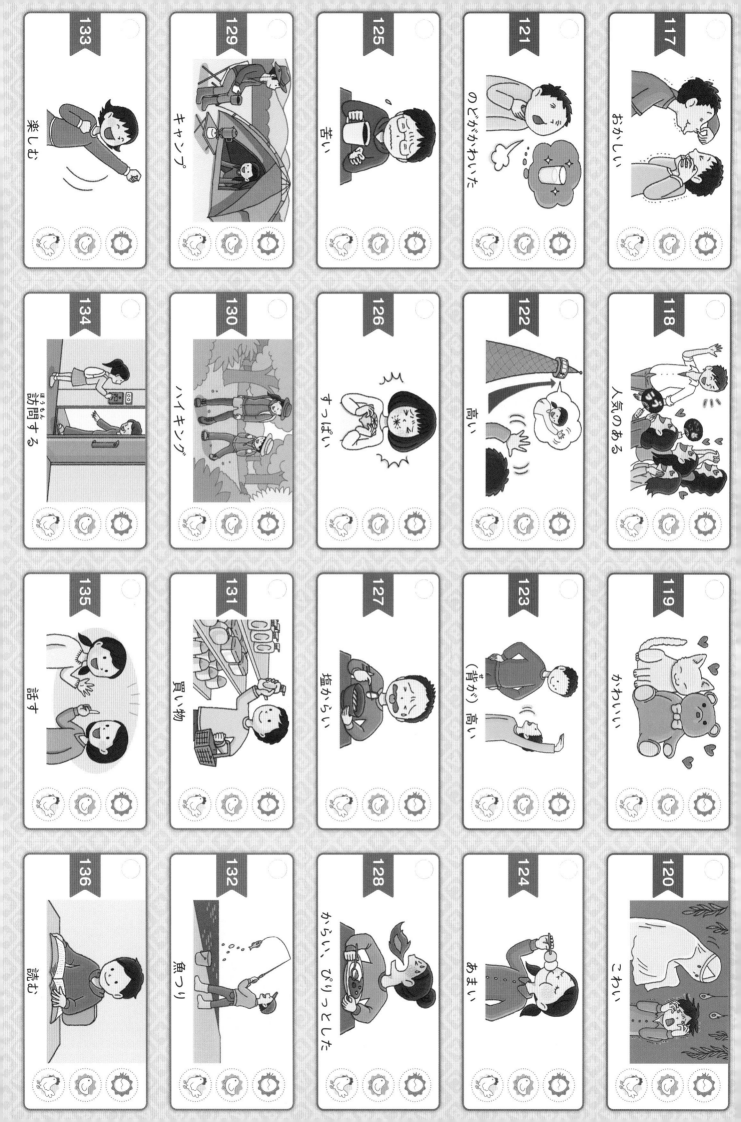

133 楽しむ

129 キャンプ

125 苦い

121 のどがかわいた

117 おかしい

134 訪問する

130 ハイキング

126 すっぱい

122 高い

118 人気のある

135 話す

131 買い物

127 塩からい

123 （背が）高い

119 かわいい

136 読む

132 魚つり

128 からい、ぴりっとした

124 あまい

120 こわい

No.	Word	Audio	Note
117	funny	c11	
118	popular	c11	
119	cute	c11	
120	scary	c11	
121	thirsty	c11	
122	high	c11	「位置が高い」ときなどに使うよ。
123	tall	c11	
124	sweet	c12	
125	bitter	c12	
126	sour	c12	
127	salty	c12	「塩」は salt だよ。
128	spicy	c12	
129	camping	c13	
130	hiking	c13	
131	shopping	c13	
132	fishing	c13	
133	enjoy	c13	
134	visit	c13	
135	talk	c13	「会話をする」というときなどに使うよ。
136	read	c13	read books で「読書をする」だよ。

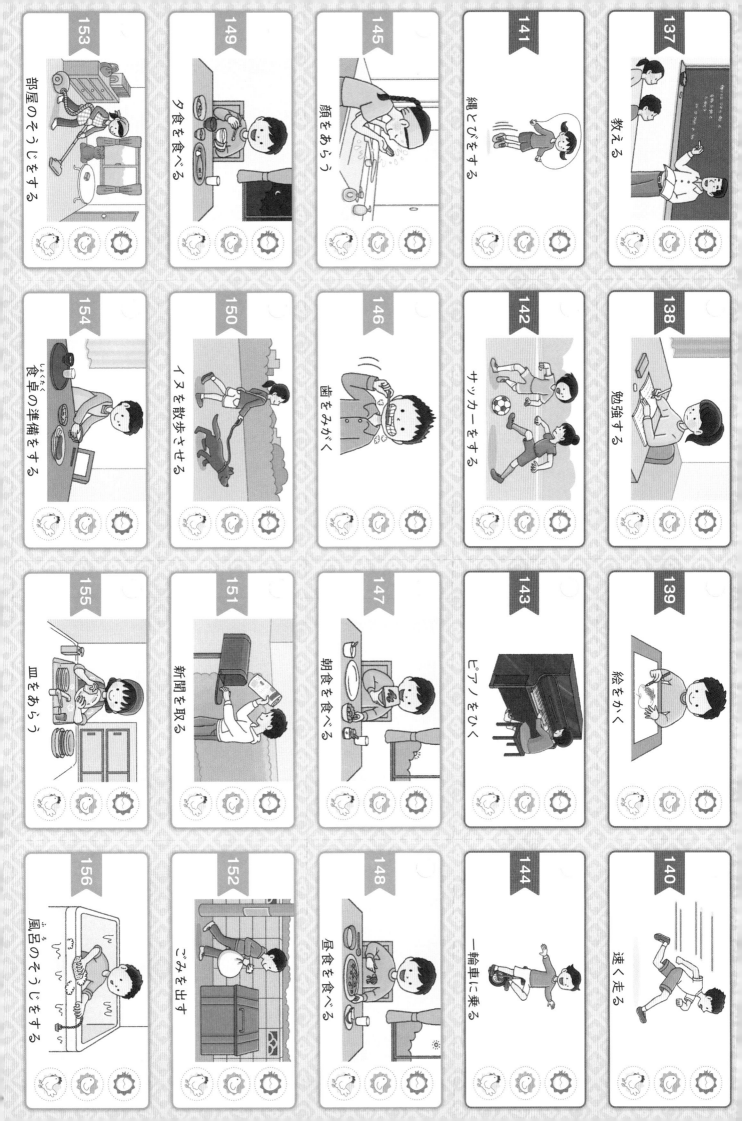

153 部屋のそうじをする

149 夕食を食べる

145 顔をあらう

141 縄とびをする

137 教える

154 食卓の準備をする

150 イヌを散歩させる

146 歯をみがく

142 サッカーをする

138 勉強する

155 皿をあらう

151 新聞を取る

147 朝食を食べる

143 ピアノをひく

139 絵をかく

156 風呂のそうじをする

152 ごみを出す

148 昼食を食べる

144 一輪車に乗る

140 速く走る

♪ c13	137	teach	

♪ c13 | 138 | study

♪ c13 | 139 | draw
「絵の具でかく」ときは
paint を使うよ。

♪ c13 | 140 | run fast
fast は「速く」という
意味だよ。

♪ c13 | 141 | jump rope

♪ c13 | 142 | play soccer

♪ c13 | 143 | play the piano
(楽器を) ひく」というときは
楽器名の前に the をつけるよ。

♪ c13 | 144 | ride a unicycle
ride a bicycle[bike] で
「自転車に乗る」だよ。

♪ c14 | 145 | wash my face

♪ c14 | 146 | brush my teeth
teeth は2本以上の歯のこと
だよ。1本の歯は tooth だよ。

♪ c14 | 147 | eat breakfast
have breakfast と言う
こともあるよ。

♪ c14 | 148 | eat lunch
have lunch と言うこと
もあるよ。

♪ c14 | 149 | eat dinner
have dinner と言う
こともあるよ。

♪ c14 | 150 | walk my dog

♪ c14 | 151 | get the newspaper

♪ c14 | 152 | take out the garbage

♪ c14 | 153 | clean my room

♪ c14 | 154 | set the table

♪ c14 | 155 | wash the dishes

♪ c14 | 156 | clean the bath

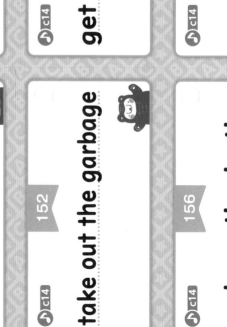

この本のくわしい使い方

小学教科書ワークでは 教科書内容の学習 ・ 重要単語の練習 ・ 重要表現のまとめ の3つの柱で
小学校で習う英語を楽しくていねいに学習できます。ここではそれぞれの学習の流れを紹介します。

教科書内容の学習

① 基本のワーク

アレック Alec先生

QRコードを読み取ると音声が
流れるよ！
リズムに合わせて楽しく練習！

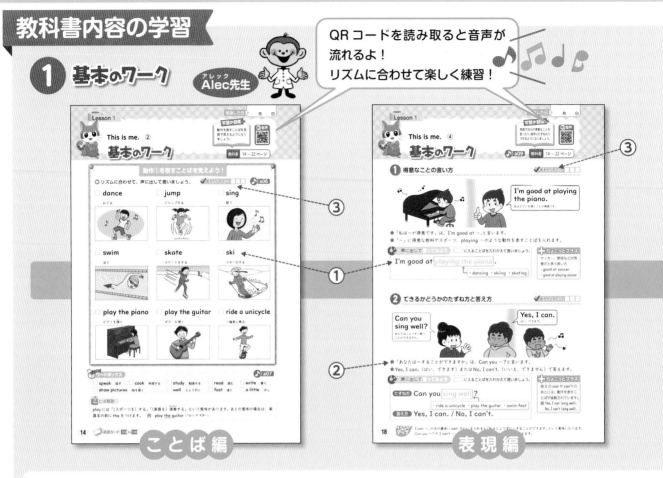

① 新しく習う英語を音声に続いて大きな声で言おう。
- ことば編 では、その単元で学習する単語をリズムに合わせて音読するよ。
- 表現編 では、最初にふきだしの英語の音声を聞いて、その単元で学習する表現を確認するよ。
  次に「声に出して言ってみよう！」て _____ のことばに入れかえてリズムに合わせて音読するよ。
② 新しく習う表現についての説明を読もう。
③ 声に出して言えたら、□にチェックをつけよう。

重要単語の練習

① わくわく英語カード

ことば編 の最後に、英語カード
の対応番号が書いてあるよ！

英語カード 32 ～ 36

② 英語練習ノート

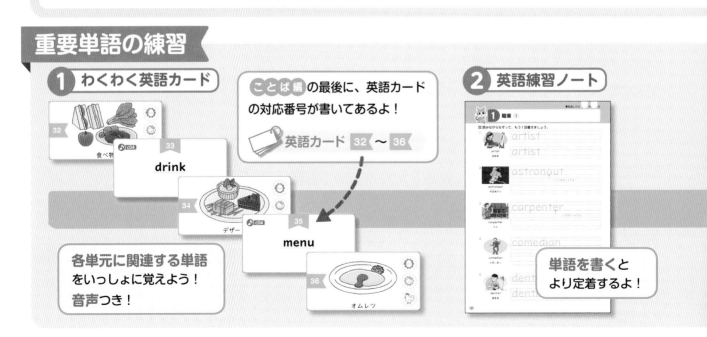

各単元に関連する単語
をいっしょに覚えよう！
音声つき！

単語を書くと
より定着するよ！

2　※QRコードは(株)デンソーウェーブの登録商標です。

英語音声の再生方法は
5ページを見よう！

Ryo

② 書いて練習のワーク　　③ 聞いて練習のワーク　　④ まとめのテスト

QRコードから問題の音声
が聞けるよ。

④新しく習ったことばや表現を書いて練習しよう。声に出して言いながら書くと効果的だよ。

⑤音声を聞いて問題に答えよう。聞きとれなかったら、もう一度聞いてもOK。

⑥解答集を見て答え合わせをしよう。読まれた音声も確認！

⑦確認問題にチャレンジ！問題をよく読もう。時間を計ってね。

⑧解答集を見て答え合わせをしよう。

③ 単語リレー（実力判定テスト）やはつおん上達アプリおん達でアウトプット！

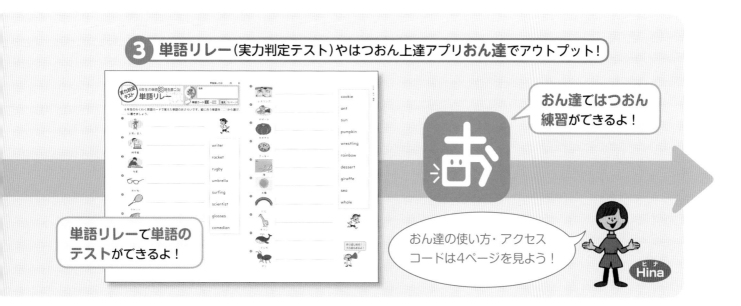

おん達ではつおん
練習ができるよ！

単語リレーで単語の
テストができるよ！

おん達の使い方・アクセス
コードは4ページを見よう！

Hina

重要表現のまとめ

動画で復習&アプリで練習！
重要表現まるっと整理

QRコードを読み取ると
わくわく動画が見られるよ！

わくわく動画

リズムに合わせて表現の復習！

自己表現の練習も！

発音上達アプリ**おん達**
にも対応しているよ。

「重要表現まるっと整理」は
105ページからはじまるよ。

Adra

最後にまとめとして使って
もよいし、日ごろの学習に
プラスしてもよいね！

Oliver

アプリ・音声について

この本のふろくのすべてのアクセスコードは **EENGNF9a** です。

☆ 文理のはつおん上達アプリ　おん達

- 「重要表現まるっと整理」と「わくわく英語カード」の発話練習ができます。
- お手本の音声を聞いて、自分の発音をふきこむとAIが点数をつけます。
- 何度も練習し、高得点を目ざしましょう。
- 右のQRコードからダウンロードページへアクセスし、
  上記のアクセスコードを入力してください。
- アクセスコード入力時から15か月間ご利用になれます。
- 【推奨環境】スマートフォン、タブレット等(iOS11以上、Android8.0以上)

おん達
ダウンロード

実力判定テスト

夏休みのテスト・冬休みのテスト・
学年末のテスト全3回分と、
単語リレー1回分がついています。

本番のテストに近いサイズ
でテスト対策！

CBT（Computer Based Testing）

◆CBTの使い方
❶BUNRI-CBT(https://b-cbt.bunri.jp)に
　PC・タブレットでアクセス。
❷ログインして、4ページのアクセスコードを
　入力。

WEB上のテストにちょうせん。
成績表で苦手チェック！

★ 英語音声の再生方法

●英語音声があるものには ♪a01 がついています。音声は以下の3つの方法で再生することができます。
　①QRコードを読み取る：
　　各単元の冒頭についている音声QRコードを読み取ってください。
　②音声配信サービスonhaiから再生する：
　　WEBサイト https://listening.bunri.co.jp/ へアクセスしてください。
　③音声をダウンロードする：
　　文理ホームページよりダウンロードも可能です。
　　URL　https://portal.bunri.jp/b-desk/eengnf9a.html
　　②・③では4ページのアクセスコードを入力してください。

A  B  C D 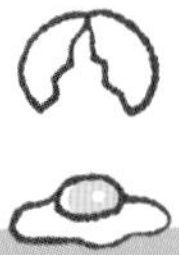 E

F G  H  I J

K  L  M N

O  P  Q R

S T  U V W

X  Y Z

☆リズムに合わせて、声に出して言いましょう。　✓言えたらチェック □□□

🔊音声　♪a01

a b  c d  e

f  g  h i  j

k 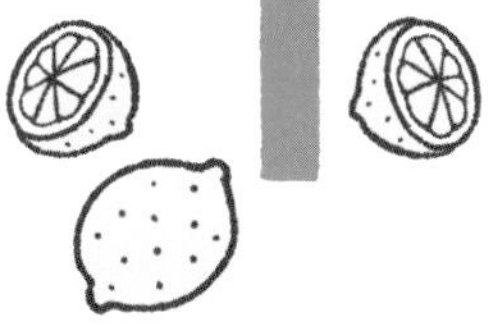 l m  n

o  p  q 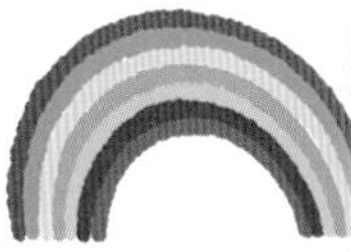 r

s t  u  v w

x  y z

7

アルファベットを書こう

⭐ 読みながらなぞって、もう1回書きましょう。

※書き順は一つの例です。

大文字

●…書き出し

がんばって！

形や大きさに注意して
書いてみよう！

小文字

a a   b b   c c

d d   e e   f f

g g   h h   i i

j j   k k   l l

m m   n n   o o

p p   q q   r r

s s   t t   u u

v v   w w   x x

y y   z z

全部書けた
かな？

日常生活での表現

🔊音声　♪a02

⭐ 日常生活で使う英語を覚えましょう。

❋ あいさつ

朝	Good morning.	おはよう。
昼	Good afternoon.	こんにちは。
別れ	Goodbye. / See you.	さようなら。
	See you next week.	また来週。
一日中	Hello. / Hi.	やあ。/ こんにちは。

❋ お礼を言う

Thank you very much.　　どうもありがとう。

— You're welcome.　　—どういたしまして。

❋ さそう

Let's play dodgeball.　　ドッジボールをしましょう。

— Yes, let's. / No, sorry.　　—はい、そうしましょう。/ いいえ、ごめんなさい。

❋ これは何かとたずねる

What's this? — It's a melon.

これは何ですか。　　　　　　　—それはメロンです。

❋ 天気をたずねる

How's the weather? — It's sunny.

天気はどうですか。　　　　　　　　—晴れです。

これまでに習った表現を思い出そうね。

❋ 時刻をたずねる

What time is it? — It's 7:30.

何時ですか。　　　　　　—7時30分です。

教室で使う英語

⭐ 教室で使う英語を覚えましょう。

●先生から生徒へ

Stand up.
立ってください。

Sit down.
すわってください。

Come here.
こちらへ来てください。

Go back to your seat.
席にもどってください。

Open your textbook.
テキストを開いてください。

Listen to me carefully.
話をよく聞いてください。

Repeat after me.
あとについて言ってください。

It's your turn.
あなたの番です。

Make groups of four.
4人組を作ってください。

★生徒から先生へ

Time's up.
終わりの時間です。

Pardon me?
もう一度言ってください。

I have a question.
質問があります。

This is me. ①

基本のワーク

学習の目標‧

国名、スポーツを表す
ことばを英語で言える
ようになりましょう。

🔊音声

教科書 14 ～ 22 ページ

国名①、スポーツを表すことばを覚えよう!

⚙ リズムに合わせて、声に出して言いましょう。　✓言えたらチェック ☐☐☐　♪ a04

☐ **the U.S.A.**
アメリカ合衆国

☐ **Canada**
カナダ

☐ **Japan**
日本

☐ **Singapore**
シンガポール

☐ **the U.K.**
イギリス

☐ **baseball**
野球

☐ **basketball**
バスケットボール

☐ **soccer**
サッカー

☐ **tennis**
テニス

ワードボックス

♪ a05

☐ Australia　オーストラリア　☐ Brazil　ブラジル　☐ Egypt　エジプト　☐ Germany　ドイツ

☐ Mexico　メキシコ　☐ Sweden　スウェーデン　☐ Finland　フィンランド　☐ Thailand　タイ

☐ China　中国　☐ France　フランス　☐ India　インド　☐ Korea　韓国

☐ Italy　イタリア　☐ the Netherlands　オランダ　☐ New Zealand　ニュージーランド

☐ badminton　バドミントン　☐ volleyball　バレーボール　☐ ice hockey　アイスホッケー

☐ rugby　ラグビー　☐ table tennis　卓球　☐ swimming　水泳

書いて練習のワーク

⭐ 読みながらなぞって、2回書きましょう。

the U.S.A.

アメリカ合衆国

Canada

カナダ

Japan

日本

Singapore

シンガポール

the U.K.

イギリス

baseball

野球

basketball

バスケットボール

soccer

サッカー

聞く
話す
読む
書く

tennis

テニス

 アメリカ合衆国の正式な名前は the United States of America〔ザ ユーナイティド ステイツ アヴ アメリカ〕と言うよ。the U.S. や the U.S.A. と短く言うことも多いよ。

This is me.　②

基本のワーク

教科書 14〜22 ページ

動作①を表すことばを覚えよう！

⭐ リズムに合わせて、声に出して言いましょう。　✓言えたらチェック ☐☐☐　♪a06

☐ **dance**
おどる

☐ **jump**
ジャンプする

☐ **sing**
歌う

☐ **swim**
泳ぐ

☐ **skate**
スケートをする

☐ **ski**
スキーをする

☐ **play the piano**
ピアノを弾く

☐ **play the guitar**
ギターを弾く

☐ **ride a unicycle**
一輪車に乗る

ワードボックス

♪a07

☐ speak　話す　　☐ cook　料理する　　☐ study　勉強する　　☐ read　読む　　☐ write　書く
☐ draw pictures　絵を描く　　☐ well　じょうずに　　☐ fast　速く　　☐ a little　少し

ことば解説

play には「（スポーツを）する」「（楽器を）演奏する」という意味があります。あとの意味の場合は、楽器名の前に the をつけます。　例　play the guitar ［プレイ ザ ギター］

書いて練習のワーク

⭐ 読みながらなぞって、何回か書きましょう。

dance

おどる

jump

ジャンプする

sing

歌う

swim

泳ぐ

skate

スケートをする

ski

スキーをする

play the piano

ピアノを弾く

play the guitar

ギターを弾く

ride a unicycle

一輪車に乗る

聞く
話す
読む
書く

英語の　dance は「おどる」という動作を表す意味のほかに、「おどり、ダンス」という意味でも使うよ。また、「ダン
　トビラ！　スパーティー」のことも party［パーティ］をつけずに単に dance と言うこともあるよ。

15

This is me.　③

基本のワーク

学習の目標・
自分の出身地や好きなもの、ほしいものを英語で言えるようになりましょう。

♪ a08　教科書 14〜22ページ

① 自分の出身地の言い方

✔言えたらチェック □□□

I'm from the U.S.A.
私はアメリカ合衆国出身です。

❀「私は〜出身です」は、I'm from 〜.と言います。

❀「〜」に出身地を表すことばを入れます。

🔊 声に出して書ってみよう　□に入ることばを入れかえて言いましょう。

I'm from the U.S.A.
・Canada　・Singapore　・the U.K.

➕ ちょこっとプラス

I は「私は」「ぼくは」という意味で、いつも大文字で表します。
I'm は I am [アイ アム] を短くした言い方です。

② 自分の好きなものやほしいものの言い方

✔言えたらチェック □□□

I like baseball.
私は野球が好きです。

I want a bat.
私はバットがほしいです。

❀「私は〜が好きです」は、I like 〜.と言います。「〜」に好きなものを表すことばを入れます。

❀「私は〜がほしいです」は、I want 〜.と言います。「〜」にほしいものを表すことばを入れます。

🔊 声に出して書ってみよう　□に入ることばを入れかえて言いましょう。

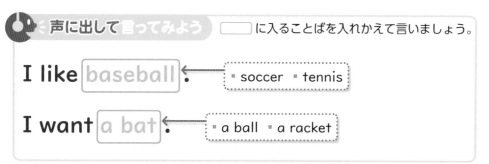

I like baseball.　・soccer　・tennis

I want a bat.　・a ball　・a racket

📓 表現べんり帳

「私は新しいぼうしがほしいです」は、I want a new cap. と言います。

ステップアップ　want のあとに「〜すること」を表す〈to ＋動作を表すことば〉がくると、「〜がほしい」＋「〜すること」→「〜したい」という意味になります。　例　I want to play soccer.（私はサッカーをしたいです）

書いて練習のワーク

⭐ 読みながらなぞって、もう1回書きましょう。

I'm from the U.S.A.

私はアメリカ合衆国出身です。

I'm from Canada.

私はカナダ出身です。

I like baseball.

私は野球が好きです。

I like soccer.

私はサッカーが好きです。

I want a bat.

私はバットがほしいです。

I want a ball.

私はボールがほしいです。

聞く
話す
読む
書く

英語のトビラ　サッカーはアメリカでは soccer と言うけど、イギリスではふつう football［フトゥボール］と言うよ。サッカーはイギリスで生まれたスポーツなので、世界では football を使う国のほうが多いよ。

This is me.　④

基本のワーク

音声

♪a09　教科書 14〜22 ページ

---

1 得意なことの言い方

✓言えたらチェック □□□

> **I'm good at playing the piano.**
> 私はピアノを弾くことが得意です。

❀ 「私は〜が得意です」は、**I'm good at 〜.** と言います。

❀ 「〜」に得意な教科やスポーツ、**playing 〜** のような動作を表すことばを入れます。

🔊 声に出して書いてみよう 　□に入ることばを入れかえて言いましょう。

I'm good at playing the piano **.**
↑ ・dancing ・skiing ・skating

➕ ちょこっとプラス

サッカー、野球などが得意だと言う言い方
・good at soccer
・good at playing soccer

---

2 できるかどうかのたずね方と答え方

✓言えたらチェック □□□

> **Can you sing well?**
> あなたはじょうずに歌うことができますか。

> **Yes, I can.**
> はい、できます。

❀ 「あなたは〜することができますか」は、**Can you 〜?** と言います。

❀ **Yes, I can.**（はい、できます）、または **No, I can't.**（いいえ、できません）で答えます。

🔊 声に出して書いてみよう 　□に入ることばを入れかえて言いましょう。

たずね方 **Can you** sing well **?**
↑ ・ride a unicycle ・play the guitar ・swim fast

答え方 **Yes, I can. / No, I can't.**

➕ ちょこっとプラス

答えの can や can't のあとには、動作を表すことばが省略されています。
例 Yes, I can (sing well).
　 No, I can't (sing well).

ステップアップ

I can 〜. の文の最後に well〔ウェル〕を入れると「私はじょうずに〜することができます」という意味になります。
Can you 〜? や I can't 〜.（私は〜することができません）の文でも使えます。

書いて練習のワーク

⭐ 読みながらなぞって、もう1回書きましょう。

I'm good at playing the piano.

私はピアノを弾くことが得意です。

I'm good at dancing.

私はおどることが得意です。

Can you sing well?

あなたはじょうずに歌うことができますか。

Can you swim fast?

あなたは速く泳ぐことができますか。

Yes, I can.

はい、できます。

No, I can't.

いいえ、できません。

 かんづめの「かん」のことも can と言うよ。アメリカでは飲み物のかんづめと食べ物のかんづめのどちらにも can を使うけど、イギリスでは食べ物のかんづめには tin〔ティン〕を使うこともあるよ。

聞いて練習のワーク

でった数　　　　　音声

／7問中

教科書 14 〜 22 ページ　　答え 1 ページ

1 音声を聞いて、絵の内容と合っていれば○、合っていなければ×を（　）に書きましょう。

♪ t01

(1)

（　　　）

(2)

（　　　）

(3)

（　　　）

(4)

（　　　）

2 音声を聞いて、それぞれの人が好きなものを線で結びましょう。
 t02

(1)

Taku
・

(2)

Emi
・

(3)

Ken
・

・

・

・

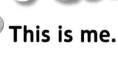

まとめのテスト

This is me.

教科書 14〜22 ページ　　答え 1 ページ

1 メアリーが書いた自己しょうかいのメモを見て、メアリーになったつもりで質問に合う答えの英語の文を〔 〕から選んで、＿＿＿に書きましょう。　　1つ10点〔30点〕

(1) **Are you from Canada?**

　　　＿＿＿＿＿＿＿＿＿＿＿＿

(2) **Can you play soccer?**

　　　＿＿＿＿＿＿＿＿＿＿＿＿

> メアリーのメモ
> ・イギリス出身。
> ・サッカーをすることが
> 　できる。
> ・かばんがほしい。

(3) **Do you want a bag?**

　　　＿＿＿＿＿＿＿＿＿＿＿＿

> Yes, I can. / No, I can't. / Yes, I do.
> Yes, I am. / No, I'm not. / No, I don't.

2 日本語の意味を表す英語の文を〔 〕から選んで、＿＿＿に書きましょう。　　1つ10点〔20点〕

(1) あなたは泳ぐことが得意ですか。

　　　＿＿＿＿＿＿＿＿＿＿＿＿

(2) [(1)に答えて] はい、得意です。

　　　＿＿＿＿＿＿＿＿＿＿＿＿

> Yes, I am. / Yes, I do.
> Are you good at swimming?

21

Welcome to Japan. ①

基本のワーク

 自然①、建物①を表すことばを覚えよう！

✿ リズムに合わせて、声に出して言いましょう。　✓言えたらチェック □□□□　♪a10

☐ **nature**

自然

☐ **mountain**
複 mountains

山

☐ **beach** 複 beaches

浜辺 (はまべ)

☐ **garden** 複 gardens

庭

☐ **hot spring**
複 hot springs

温泉 (おんせん)

☐ **castle** 複 castles

城

☐ **temple** 複 temples

寺

☐ **shrine** 複 shrines

神社

☐ **park** 複 parks

公園

ワードボックス

♪a11

☐ river(s) 川　　☐ sea(s) 海　☐ lake(s) 湖　　☐ pond(s) 池　☐ island(s) 島

☐ station(s) 駅　☐ town(s) 町　☐ aquarium(s) 水族館　☐ zoo(s) 動物園

☐ amusement park(s) 遊園地　☐ bridge(s) 橋

発音コーチ

castle は［キァスル］と発音します。t は発音しないので注意しましょう。

複…2 つ以上のときの形

書いて練習のワーク

☆ 読みながらなぞって、もう2回書きましょう。

nature

自然

mountain

山

beach

浜辺

garden

庭

hot spring

温泉

castle

城

temple

寺

shrine

神社

park

公園

 アメリカのアーカンソー州に、Hot Springs（ホットスプリングス）という名前の都市があるよ。その名のとおり、温泉（＝hot spring）で有名なんだ。古くから温泉が利用されていた地域で、国立公園もあるよ。

23

Welcome to Japan. ②

基本のワーク

学習の目標・
動作や様子を表すことばを英語で言えるようになりましょう。

 音声

教科書 24〜32ページ

動作②、様子①を表すことばを覚えよう！

 リズムに合わせて、声に出して言いましょう。　✓ 言えたらチェック □□□　♪ a12

☐ **see**

見る、見える

☐ **enjoy**

楽しむ

☐ **visit**

訪れる

☐ **eat**

食べる

☐ **delicious**

おいしい

☐ **famous**

有名な

☐ **interesting**

おもしろい

☐ **beautiful**

美しい、きれいな

☐ **nice**

よい、りっぱな

ワードボックス

♪ a13

☐ look　見る、目を向ける　　☐ watch　見る、じっくり見る　　☐ fresh　新鮮な　　☐ fun　楽しい

☐ amazing　すばらしい、おどろくほどの　　☐ exciting　わくわくする　　☐ wonderful　すばらしい

発音コーチ

see「見る」と sea「海」は、つづりはちがいますが発音は同じです（[スィー]）。つづりがちがうことばで発音が同じものは、son「息子」と sun「太陽」（[サン]）などがあります。

  英語カード 110 〜 123

書いて練習のワーク

⭐ 読みながらなぞって、もう2回書きましょう。

see

見る、見える

enjoy

楽しむ

visit

訪れる

eat

食べる

delicious

おいしい

famous

有名な

interesting

おもしろい

beautiful

美しい、きれいな

聞く

話す

読む

書く

nice

よい、りっぱな

日本食は海外にも広まってきていて、すし（sushi）、すきやき（sukiyaki）、てんぷら（tempura）、ラーメン（ramen）、とうふ（tofu）、やきとり（yakitori）などはそのまま英語になっているよ。

25

Welcome to Japan. ③

基本のワーク

音声

教科書 24 〜 32 ページ

季節、年中行事を表すことばを覚えよう！

✿ リズムに合わせて、声に出して言いましょう。　✓言えたらチェック ☐☐☐　a14

☐ **spring**

春

☐ **summer**

夏

☐ **autumn / fall**

秋

☐ **winter**

冬

☐ **New Year's Day**

元日

☐ **Doll Festival**

ひなまつり

☐ **Children's Day**

こどもの日

☐ **Star Festival**

七夕

☐ **festival**

複 festivals

祭り

ワードボックス

♪a15

☐January 1月　☐February 2月　☐March 3月　☐April 4月　☐May 5月
☐June 6月　☐July 7月　☐August 8月　☐September 9月　☐October 10月
☐November 11月　☐December 12月　☐New Year's Eve 大みそか　☐Sports Day スポーツの日

発音コーチ

spring は［スプリング］と発音します。日本語の［ング］のように2語にならないように［ング］と発音することに注意しましょう。

複…2つ以上のときの形

英語カード 88 〜 91

書いて練習のワーク

☆ 読みながらなぞって、書きましょう。

spring

春

summer

夏

autumn

fall

秋 秋

winter

冬

New Year's Day

元日

Doll Festival

ひなまつり

Children's Day

こどもの日

Star Festival

七夕

festival

祭り

英語の月名は Jan. Feb. Mar. Apr. Jun. Jul. Aug. Sept. Oct. Nov. Dec. などと略して表記することもあるよ。
May は略さないよ。

27

学習の目標
日本の名物や名所を英語でしょうかいできるようになりましょう。

🔊音声

Welcome to Japan. ④

基本のワーク

♪a16　教科書 24〜32ページ

① 日本にある名物や名所の言い方①

✓言えたらチェック □□□

We have many delicious foods.
（私たちには）たくさんのおいしい食べ物があります。

✿ 「（私たちには）〜があります」は、**We have 〜.** と言います。「〜」に日本の名物や名所を表すことばを入れます。

🔊 声に出して 書ってみよう　□ に入ることばを入れかえて言いましょう。

We have many | delicious foods |.
↑
・beautiful mountains　・famous temples　・interesting festivals

➕ ちょこっとプラス

2つ以上のものを表すことばには、最後にsやesをつけます。
例　mountains, temples, peaches

② 日本の名物や名所についてできることの言い方

✓言えたらチェック □□□

You can eat *sashimi*.
あなたはさしみを食べることができます。

It's fresh.
それは新鮮です。

✿ 「あなたは〜することができます」は、**You can 〜.** と言います。
✿ 「それは〜です」は、**It's 〜.** と言い、前に言ったものに説明を加えるときに使います。

🔊 声に出して 書ってみよう　□ に入ることばを入れかえて言いましょう。

You can | eat *sashimi* |.　・visit Koyasan
　　　　　　　　　　　　　　・enjoy the Star Festival
It's | fresh |.
↑　　・interesting
　　・nice

➕ ちょこっとプラス

yukata や *hanami* のように日本語をそのまま英語で書き表すときは、ななめの文字にすることがあります。この文字の形をイタリック体と言います。

ステップアップ　have は「〜を持っている」という意味ですが、We have 〜. で「〜があります」という意味にもなります。また、I have a dog. という文の have は「〜を飼っている」という意味です。

書いて練習のワーク

☆ 読みながらなぞって、もう1回書きましょう。

We have many delicious foods.

（私たちには）たくさんのおいしい食べ物があります。

We have many famous temples.

（私たちには）たくさんの有名な寺があります。

You can eat sashimi.

あなたはさしみを食べることができます。

You can visit Koyasan.

あなたは高野山を訪れることができます。

It's fresh.

それは新鮮です。

It's interesting.

それはおもしろいです。

聞く
話す
読む
書く

 英語のトビラ 「ワイシャツ」は、和製英語（日本で日本人によって作られた、英語に似た表現）だよ。英語では単に shirt で表すことが多いよ。

29

学習の目標・
日本の名所や行事を英語でしょうかいできるようになりましょう。

🔊音声

Welcome to Japan. ⑤
基本のワーク

♪a17 　教科書 24〜32ページ

① 日本にある名物や名所の言い方②

✅言えたらチェック □□□

We have a castle in Osaka.
大阪には城があります。

✿ 「〜には…があります」は、 We have ... in 〜. と言います。

✿ 「…」には名物や名所などを表すことばが、「〜」には場所を表すことばが入ります。

🔊 声に出して 書ってみよう 　□ に入ることばを入れかえて言いましょう。

We have a castle in Osaka **.**

・the Star Festival in Sendai ・hot springs in Oita

➕ちょこっとプラス
Osaka、Tokyo などの地名を表すことばは、文の途中でも最初の文字を必ず大文字で書きます。

② 日本の行事の言い方

✅言えたらチェック □□□

We have a snow festival in winter.
冬には雪祭りがあります。

✿We have ... in 〜. の「…」には行事が、「〜」には季節や月を表すことばが入ります。

✿「〜（季節・月）には…があります」という意味です。

🔊 声に出して 書ってみよう 　□ に入ることばを入れかえて言いましょう。

We have a snow festival **in** winter **.**

・Children's Day ・the Star Festival
・May
・summer

➕ちょこっとプラス
〈in＋月〉で、「〜月に」の意味です。「時」を表す語句は、文の終わりに置くことが多いです。

ステップアップ　in は場所や位置、時（午前、午後、月、季節など）を表すときに使います。
例　in Tokyo(東京に)、in the box(箱の中に)、in the morning(午前中に)

書いて練習のワーク

⭐ 読みながらなぞって、もう1回書きましょう。

We have a castle in Osaka.

大阪には城があります。

We have hot springs in Oita.

大分には温泉があります。

We have a snow festival in winter.

冬には雪祭りがあります。

We have Children's Day in May.

5月にはこどもの日があります。

We have the Star Festival in summer.

夏には七夕があります。

聞く
話す
読む
書く

 英語の
トビラ
英語には「ただいま」にぴったり合う言い方はないよ。I'm home.［アイム ホウム］（今、帰りました）と言うこともあるけど、「ただいま」を表す決まった言い方ではないよ。

1 音声を聞いて、その内容に合う絵を下から選んで、記号を（　）に書きましょう。

♪ t03

(1) (　　　) (2) (　　　) (3) (　　　) (4) (　　　)

ア

イ

ウ

エ

2 音声を聞いて、その内容に合うように、行事とそれを説明することばを線で結びましょう。

♪ t04

(1)

the Snow Festival
●

(2)

festival
●

(3)

Doll Festival
●

●

●

●

famous

beautiful

exciting

まとめのテスト

Welcome to Japan.

得点

/50点

教科書 24〜32ページ　答え 2ページ

時間 20分

1 英語の意味を表す日本語を ⬚ から選んで、（ ）に書きましょう。　1つ4点〔20点〕

(1) temple　（　　　　　　）

(2) nature　（　　　　　　）

(3) beach　（　　　　　　）

(4) mountain　（　　　　　　）

(5) snow　（　　　　　　）

> 自然　山　浜辺（はまべ）　寺　神社　雪

2 日本語の意味を表す英語の文を ⬚ から選んで、＿＿ に書きましょう。　1つ10点〔30点〕

(1) あなたはたくさんの城を見ることができます。

＿＿＿＿＿＿＿＿＿＿＿＿＿＿＿＿＿＿＿＿＿＿＿＿＿＿＿＿＿＿＿＿＿＿＿

(2) あなたはりんごを食べることができます。

＿＿＿＿＿＿＿＿＿＿＿＿＿＿＿＿＿＿＿＿＿＿＿＿＿＿＿＿＿＿＿＿＿＿＿

(3) それはおいしいです。

＿＿＿＿＿＿＿＿＿＿＿＿＿＿＿＿＿＿＿＿＿＿＿＿＿＿＿＿＿＿＿＿＿＿＿

> We have a festival. / It's delicious.
> You can eat apples. / You can see many castles.

聞く　話す　読む　書く

33

What time do you get up? ①

基本のワーク

学習の目標
日課を表すことばを英語で言えるようになりましょう。

音声

教科書 34〜42 ページ

日課①を表すことばを覚えよう！

★ リズムに合わせて、声に出して言いましょう。　☑ 言えたらチェック ☐☐☐☐　♪ a18

☐ **get up**
起きる

☐ **eat breakfast**
朝食を食べる

☐ **go to school**
学校へ行く

☐ **eat lunch**
昼食を食べる

☐ **go home**
家へ帰る

☐ **do my homework**
宿題をする

☐ **take a bath**
風呂に入る

☐ **eat dinner**
夕食を食べる

☐ **go to bed**
ねる

Word ワードボックス　♪ a19

☐ play video games　テレビゲームをする
☐ eat snacks　軽食を食べる

☐ leave my house　家を出る
☐ stay home　家で過ごす

発音コーチ

breakfast の f は下くちびるを軽くかんで、くちびると歯の間から息を出しながら発音します。日本語の「フ」とはちがう音なので注意しましょう。

書いて練習のワーク

⭐ 読みながらなぞって、もう1〜2回書きましょう。

get up

起きる

eat breakfast

朝食を食べる

go to school

学校へ行く

eat lunch

昼食を食べる

go home

家へ帰る

do my homework

宿題をする

take a bath

風呂に入る

eat dinner

夕食を食べる

go to bed

ねる

 英語のトビラ go to bed は「ベッドに行く」→「ねるためにベッドに入る」という動作を表すので、実際にねむることを表すわけではないよ。「ねむる」を表すことばは sleep [スリープ] だよ。

What time do you get up? ②

基本のワーク

日課②を表すことばを覚えよう！

 リズムに合わせて、声に出して言いましょう。　✓ 言えたらチェック □□□　 a20

□ **brush my teeth**

歯をみがく

□ **wash my face**

顔を洗う

□ **wash the dishes**

皿を洗う

□ **clean my room**

部屋を掃除する

□ **walk my dog**

犬を散歩させる

□ **watch TV**

テレビを見る

□ **take out the garbage**

ごみを出す

□ **play with my friends**

友だちと遊ぶ

大きな声で
読んでみようね。

ことば解説

「歯をみがく」の brush my teeth の teeth は２本以上の歯を表しています。１本の歯のことは tooth［トゥース］と言います。

発音コーチ

walk［ウォーク］の「オー」は、日本語の「アー」よりくちびるを少し丸め、「オー」と言います。walk の l は発音しません。

書いて練習のワーク

☆ 読みながらなぞって、もう1回書きましょう。

brush my teeth

歯をみがく

wash my face

顔を洗う

wash the dishes

皿を洗う

clean my room

部屋を掃除する

walk my dog

犬を散歩させる

watch TV

テレビを見る

take out the garbage

ごみを出す

play with my friends

友だちと遊ぶ

 英語の トビラ　wash the dishes（皿を洗う）の the dishes は食事に使われて、あとで洗ったりふいたりする必要のある皿のことだよ。また、dish には「食事の一皿、一品」という意味もあるんだ。

37

What time do you get up? ③

基本のワーク

食べ物①、頻度を表すことばを覚えよう！

★ リズムに合わせて、声に出して言いましょう。 ✓言えたらチェック □□□□ ♪a21

☐ **curry and rice**
カレーライス

☐ **rice**
ごはん、米

☐ **bread**
パン

☐ **hot dog** 複 hot dogs
ホットドッグ

☐ **sandwich** 複 sandwiches
サンドイッチ

☐ **always**
いつも

日 月 火 水 木 金 土

☐ **usually**
ふつう

日 月 火 水 木 金 土

☐ **sometimes**
ときどき

日 月 火 水 木 金 土

☐ **never**
けっして…ない

日 月 火 水 木 金 土

ワードボックス ♪a22

☐ coffee コーヒー ☐ fruit(s) 果物 ☐ cake(s) ケーキ ☐ egg(s) たまご ☐ salad サラダ
☐ sausage(s) ソーセージ ☐ rice ball(s) おにぎり ☐ bean(s) 豆 ☐ pancakes パンケーキ

ことば解説

always や usually などは、頻度を表します。※下記の%は目安です。
always…ほぼ100% usually…80%前後 sometimes…50%前後 never…0%

複…2つ以上のときの形

書いて練習のワーク

⭐ 読みながらなぞって、何回か書きましょう。

curry and rice

カレーライス

rice

ごはん、米

bread

パン

hot dog

ホットドッグ

sandwich

サンドイッチ

always

いつも

usually

ふつう

sometimes

ときどき

never

けっして…ない

聞く
話す
読む
書く

「ごはん、米」を表す rice はアメリカでは主食ではないよ。料理の付け合わせによく使われるよ。米を主食としているのは、日本以外にも韓国や東南アジアの国々などがあるよ。

What time do you get up? ④

学習の目標・
自分の日課とその時刻について英語で言えるようになりましょう。

🔊音声

♪a23　教科書 34〜42ページ

1 自分の日課の言い方①

✓言えたらチェック ☐☐☐

I get up at 7:00.
私は7時に起きます。

✽自分が起きる時刻を伝えるとき、「私は〜時に起きます」は、I get up at 〜. と言います。

✽atのあとの「〜」に時刻が入ります。

⏻ 声に出して 書ってみよう　☐に入ることばを入れかえて言いましょう。

I get up at 7:00.
　　↑　　　↑
　・7:30　・5:00
・eat breakfast　・go home

📝表現べんり帳
時刻でよく使われる数字
fifteen(15) twenty(20)
thirty(30) forty(40)
forty-five(45)
fifty(50)

2 何時にするかのたずね方と答え方

✓言えたらチェック ☐☐☐

What time do you go to bed?
あなたは何時にねますか。

I go to bed at 10:00.
私は10時にねます。

✽「あなたは何時に〜しますか」は、What time do you 〜? と言います。

✽答えるときは、I 〜 at ... .（私は…時に〜します）と答えます。

⏻ 声に出して 書ってみよう　☐に入ることばを入れかえて言いましょう。

たずね方 What time do you go to bed ?
　　　　　　　　　　　　　　　↑
　・take a bath　・watch TV

答え方 I go to bed at 10:00.
　　　　　　　　　　　　・8:00　・9:30

➕ちょこっとプラス
What time 〜? という質問に対しては、At 〜. のように、時刻だけを答える場合もあります。
例 What time do you go to bed?
　 − At 10:00.

ステップアップ 「〜時ちょうど」のときは時刻を表す英語のあとに o'clock ［オクラック］をつけることもあります。
例 I get up at six o'clock. (私は6時ちょうどに起きます)

書いて練習のワーク

⭐ 読みながらなぞって、もう1回書きましょう。

I get up at 7:00.

私は7時に起きます。

I go home at 5:00.

私は5時に家へ帰ります。

What time do you go to bed?

あなたは何時にねますか。

I go to bed at 10:00.

私は10時にねます。

I take a bath at 8:00.

私は8時に風呂（ふろ）に入ります。

聞く 話す 読む 書く

 bath には「風呂」という意味があるよ。bathroom［バスル（ー）ム］は「浴室」、bathtub［バスタブ］は「湯ぶね、浴そう」のことだよ。

41

What time do you get up? ⑤

① 自分の日課の言い方②

☑ 言えたらチェック ☐☐☐

I sometimes walk my dog.
私はときどき犬を散歩させます。

❀ 日課を表すことばの前に always（いつも）、usually（ふつう）、sometimes（ときどき）、never（けっして…ない）などの頻度を表すことばを置くこともできます。

🔊 声に出して 言ってみよう ☐ に入ることばを入れかえて言いましょう。

I [sometimes] [walk my dog].

↑
・always
・never

↑
・clean my room
・take out the garbage

➕ ちょこっとプラス
always などの頻度を表すことばは、am、are、is のあとに置くこともできます。

② 自分の食生活の言い方

☑ 言えたらチェック ☐☐☐

I sometimes eat bread for breakfast.
私はときどき朝食にパンを食べます。

❀ 「私は〜を食べます」は、I eat 〜. と言います。

❀ 「〜（朝食など）に」は、〈for ＋食事の名前〉で表します。

🔊 声に出して 言ってみよう ☐ に入ることばを入れかえて言いましょう。

I sometimes eat [bread] for [breakfast].

↑
・sandwiches
・curry and rice

↑
・lunch
・dinner

➕ ちょこっとプラス
for breakfast の for は「〜（の機会）に」という意味です。
例 for your birthday
あなたの誕生日に

usually などのほかに、頻度を表すことばには「しばしば、よく」という意味の often [オ(−)フン] もあります。often が表す頻度の度合いは60％ 前後が目安です。

書いて練習のワーク

☆読みながらなぞって、もう1回書きましょう。

I sometimes walk my dog.

私はときどき犬を散歩させます。

I always clean my room.

私はいつも部屋を掃除します。

I never take out the garbage.

私はけっしてごみを出しません。

I sometimes eat bread
for breakfast.

私はときどき朝食にパンを食べます。

breakfast（朝食）と lunch（昼食）をかねた食事のことを brunch［ブランチ］（ブランチ）と言うよ。これは、breakfast と lunch を合成してできたことばなんだ。

Lesson 3

聞いて練習のワーク

できた数 ／8問中

 音声

教科書 34～42ページ 答え 3ページ

1 音声を聞いて、その内容に合う絵を下から選んで、記号を（ ）に書きましょう。

 ♪ t05

(1) ( )　　(2) ( )　　(3) ( )　　(4) ( )

ア

イ

ウ

エ

2 音声を聞いて、その内容に合うように、それぞれの人と時刻（じこく）を線で結びましょう。

 ♪ t06

(1)　　　　　(2)　　　　　(3)　　　　　(4)

Yuki

Emi

Taku

Ken

・　　　　　・　　　　　・　　　　　・

・　　　　　・　　　　　・　　　　　・

まとめのテスト

What time do you get up?

得点

/50点

時間 20 分

教科書　34 〜 42 ページ　答え　3 ページ

1 英語の意味を表す日本語を ⌇⌇⌇⌇ から選んで、（　）に書きましょう。　　1つ5点〔20点〕

(1) go to school　　　　　　　　　（　　　　　　　　　　　　）

(2) watch TV　　　　　　　　　　（　　　　　　　　　　　　）

(3) eat rice for breakfast　　　（　　　　　　　　　　　　）

(4) eat bread for lunch　　　　（　　　　　　　　　　　　）

朝食にごはんを食べる　　顔を洗う　　学校へ行く

昼食にパンを食べる　　テレビを見る

---

2 日本語の意味に合うように、英語を ⌇⌇⌇⌇ から選んで、——— に書きましょう。　　1つ10点〔30点〕

(1) 私はいつも 6 時に起きます。

I _____ get up at 6:00.

(2) 私はときどきごみを出します。

I _____ take out the garbage.

(3) 私はふつう 4 時に家へ帰ります。

I _____ go home at 4:00.

---

always　　usually　　sometimes

45

リーディング レッスン

教科書 43 ページ　答え 3 ページ

⭐ 次の英語の文を３回読みましょう。　✓ 言えたらチェック □□□

I can study.

Hi, I'm Becky.

This is my day.

On school days, I get up at 4:00.

I collect some water for my family.

I go to school at 6:00.

I always have seven classes.

I sometimes play soccer with my friends.

I usually go home at 12:40.

I can study at school.

my day：私の一日　　on school days：学校のある日　　collect some water：水をくむ　　class(es)：授業

Question

文章の内容について、次の質問に答えましょう。

(1) ベッキーが学校のある日の 4 時にすることを、左ページに示された英語で ____ に書きましょう。

(2) ベッキーが学校へ行く時間と家へ帰る時間をそれぞれ数字で（　）に書きましょう。

① 学校へ行く時間：（　　　　　　　時　　　　　　　　　）

② 家へ帰る時間　：（　　　　　　時　　　　　分）

(3) 内容に合う文となるように、（　）に日本語を書きましょう。

ベッキーはときどき友だちと（　　　　　　　　　　　　　　）をします。

⭐ 英文をなぞって書きましょう。

I get up at 4:00.

I go to school at 6:00.

I always have seven classes.

I sometimes play soccer

with my friends.

I usually go home at 12:40.

My Summer Vacation ①

基本のワーク

学習の目標・
建物、自然、遊びを表すことばを英語で言えるようになりましょう。

音声

教科書　50～58 ページ

建物②、自然②、遊び①を表すことばを覚えよう！

★ リズムに合わせて、声に出して言いましょう。　✓言えたらチェック □□□　♪a25

☐ **swimming pool**　複 swimming pools
プール

☐ **sea**　複 seas
海

☐ **river**　複 rivers
川

☐ **lake**　複 lakes
湖

☐ **amusement park**　複 amusement parks
遊園地

☐ **zoo**　複 zoos
動物園

☐ **shopping**
買い物

☐ **swimming**
水泳

☐ **fishing**
つり

ワードボックス

♪a26

☐ festival(s)　祭り
☐ mountain(s)　山

☐ jogging　ジョギング
☐ beach(es)　浜辺（はまべ）

☐ camping　キャンプ
☐ farm(s)　農場

発音コーチ

shopping、swimming、fishing の ng は、舌（した）のおくのほうを上あごにつけて「ング」と鼻から声を出します。「グ」を強く言わないように注意しましょう。

複…2つ以上のときの形

書いて練習のワーク

☆ 読みながらなぞって、もう1～2回書きましょう。

swimming pool

プール

sea

海

river　　　　　　　　　lake

川　　　　　　　　　　湖

amusement park

遊園地

zoo

動物園

shopping

買い物

swimming

水泳

fishing

つり

 日本語では、「浜名湖」「富士山」のように、個別の名前のあとに「湖」や「山」をつけるけれど、英語では「湖」と「山」は Lake Hamana、Mt. Fuji のように、個別の名前の前に Lake や Mt. を置くよ。

My Summer Vacation ②

基本のワーク

遊び②、様子②、食べ物②を表すことばを覚えよう！

☆ リズムに合わせて、声に出して言いましょう。　✓ 言えたらチェック □□□　♪ a27

☐ **climbing**

山登り

☐ **cycling**

サイクリング

☐ **hiking**

ハイキング

☐ **fireworks**

花火

☐ **fun**

楽しい

☐ **exciting**

わくわくする

☐ **good**

よい

☐ **hamburger**
複 hamburgers

ハンバーガー

☐ **steak**

ステーキ

ワードボックス　♪ a28

☐ diving　ダイビング　　☐ amazing　すばらしい、おどろくほどの　　☐ nice　よい、りっぱな

☐ delicious　おいしい　　☐ omelet(s)　オムレツ　　☐ ice cream　アイスクリーム

ことば解説

「サイクリング」は cycling、「自転車」は bicycle［バイスィクル］と言います。また、bike［バイク］とも言います。bi は「2つの」という意味を表します。自転車の車輪が2つだからです。

複…2つ以上のときの形

書いて練習のワーク

⭐ 読みながらなぞって、何回か書きましょう。

climbing

山登り

cycling

サイクリング

hiking

ハイキング

fireworks

花火

fun

楽しい

exciting

わくわくする

good

よい

hamburger

ハンバーガー

steak

ステーキ

  アメリカでは、火事の防止や治安の問題などから、大きなイベント以外の個人的な花火が規制・禁止されている州や地域が多いよ。その州や地域では、家族や友だちと家の庭などで花火をすることはできないんだ。

学習の目標・
夏休みについて英語でたずねたり言ったりできるようになりましょう。

 音声

My Summer Vacation ③

基本のワーク

♪a29 ｜教科書｜ 50 ～ 58 ページ

---

① 夏休みについての聞き方と答え方 ✔言えたらチェック ☐☐☐

> **How was your summer vacation?**
> あなたの夏休みはどうでしたか。

> **I went to the zoo.**
> 私は動物園へ行きました。

❀「あなたの夏休みはどうでしたか」は、How was your summer vacation? と言います。

❀「私は～へ行きました」は、I went to ～. と言います。「～」に行った場所を入れます。

声に出して 書ってみよう　 ☐ に入ることばを入れかえて言いましょう。

たずね方 How was your summer vacation?

答え方 I went to the zoo .
- the river
- the amusement park
- the swimming pool

📖 **表現べんり帳**
質問されて答えたあと、相手に質問を返すときは、How about you?（あなたはどうですか）と言います。

---

② 見たものとその感想の言い方 ✔言えたらチェック ☐☐☐

> **I saw a tiger. It was big.**
> 私はトラを見ました。それは大きかったです。

❀「私は～を見ました」は、I saw ～. と言います。「～」に見たものを表すことばを入れます。

❀見たものの感想などを伝えるとき、「それは～でした」は、It was ～. と言います。「～」に見たものの様子や状態を表すことばを入れます。

声に出して 書ってみよう　 ☐ に入ることばを入れかえて言いましょう。

I saw a tiger .　 It was big .
- fireworks
- the sea

- amazing
- exciting

➕ **ちょこっとプラス**
was は「～でした」という意味で、過去の様子や状態などについて言うときに使います。

ステップアップ saw は「見た」、went は「行った」という意味で、過去の動作を表します。「見る」の see、「行く」の go とはつづりがかわるので、注意しましょう。

書いて練習のワーク

☆ 読みながらなぞって、もう1回書きましょう。

How was your summer vacation?

あなたの夏休みはどうでしたか。

I went to the zoo.

私は動物園へ行きました。

I went to the river.

私は川へ行きました。

I saw a tiger.

私はトラを見ました。

It was big.

それは大きかったです。

It was exciting.

それはわくわくしました。

聞く
話す
読む
書く

英語の
とびら swimming pool は「（水泳用の）プール」という意味を表すよ。pool だけでも同じ意味を表すけれど、「水た
まり」や「小さな池」という意味を表すこともあるよ。

My Summer Vacation ④

基本のワーク

学習の目標
夏休みにしたことと感想を英語で言えるようになりましょう。

🔊 音声

♪ a30　教科書 50〜58ページ

① 食べたものとその感想の言い方

✓ 言えたらチェック □ □ □

I ate *sushi*.
私はすしを食べました。

It was delicious.
それはおいしかったです。

✿「私は〜を食べました」は、**I ate 〜.** と言います。

✿ 食べたものについての感想などを伝えるときは、**It was 〜.**（それは〜でした）と言います。
　「〜」に delicious のような食べたものについての感想を表すことばを入れます。

🔊 声に出して 書ってみよう　□に入ることばを入れかえて言いましょう。

I ate *sushi* .　　**It was** *delicious* .

　　　　　・a hamburger　・steak　　　　　・good　・nice

くらべよう

現在のこと（「〜です」）は is、過去のこと（「〜でした」）は was を使います。
例・It is fun. 楽しいです。
　・It was fun.
　　楽しかったです。

② 楽しんだこととその感想の言い方

✓ 言えたらチェック □ □ □

I enjoyed shopping.
私は買い物を楽しみました。

It was fun.
それは楽しかったです。

✿「私は〜を楽しみました」は、**I enjoyed 〜.** と言います。

✿ 楽しんだことの感想などを伝えるときも、**It was 〜.**（それは〜でした）と言います。「〜」に
fun のような楽しんだことの感想を表すことばを入れます。

🔊 声に出して 書ってみよう　□に入ることばを入れかえて言いましょう。

I enjoyed *shopping* .　　**It was** *fun* .

・swimming　・cycling　　　　・good　・exciting

ちょこっとプラス

「楽しむ」の enjoy の最後に ed をつけると、「楽しんだ」という過去の意味になります。このように ed をつけるだけで過去を表すことばもあります。

54

ステップアップ　swim は「泳ぐ」という動作を表しますが、swimming の形になると「泳ぐこと」つまり「水泳」を表します。
fish は「魚」と動作を表す「つりをする」の意味がありますが、fishing の形では「つり」を表します。

書いて練習のワーク

☆ 読みながらなぞって、もう１回書きましょう。

I ate sushi.

私はすしを食べました。

It was delicious.

それはおいしかったです。

I enjoyed shopping.

私は買い物を楽しみました。

It was fun.

それは楽しかったです。

I enjoyed swimming.

私は水泳を楽しみました。

It was good.

それはよかったです。

It was exciting.

それはわくわくしました。

聞く　話す　読む　書く

英語の
トビラ　「おいしい」は delicious のほかに、tasty［テイスティ］ということばでも表せるよ。よりくだけた場面では、yummy［ヤミィ］と言うこともできるよ。

55

聞いて練習のワーク

教科書 50 ～ 58 ページ　答え 4 ページ

できた数
／8問中

音声

1 音声を聞いて、その内容に合う絵を下から選んで、記号を（　）に書きましょう。

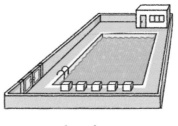t07

(1) （　　）　　(2) （　　）　　(3) （　　）　　(4) （　　）

ア　川

ウ　動物園

イ　プール

エ　遊園地

2 ミキが夏休みの思い出について英語で話します。音声を聞いて、その内容に合うものを右下のア～クから選んで、記号を（　）に書きましょう。

t08

(1)	楽しんだこと	（　　）
(2)	行った場所	（　　）
(3)	食べたもの	（　　）
(4)	(3)についての感想	（　　）

ア　大きかった
イ　おいしかった
ウ　海
エ　山
オ　ハンバーガー
カ　ピザ
キ　サイクリング
ク　つり

まとめのテスト

My Summer Vacation

得点

/50点

時間 20 分

1 英語の意味を表す日本語を [____] から選んで、（　）に書きましょう。　　1つ4点〔20点〕

(1) fun （　　　　　　　　　　）

(2) good （　　　　　　　　　　）

(3) shopping （　　　　　　　　　　）

(4) exciting （　　　　　　　　　　）

(5) hiking （　　　　　　　　　　）

> 山登り　　ハイキング　　楽しい　　買い物
> よい　　わくわくする

2 日本語の意味に合うように、（　）の中から正しいほうを選んで、[　]で囲みましょう。

1つ10点〔30点〕

(1) 私は花火を見ました。

I (see / saw) fireworks.

(2) 私はアイスクリームを食べました。

I (ate / eat) ice cream.

(3) 私はつりを楽しみました。

I (enjoy / enjoyed) fishing.

リーディング レッスン

| 教科書 | 59 ページ | 答え | 4 ページ |

⭐ 次の英語の文を３回読みましょう。

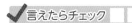 言えたらチェック □ □ □

This is my summer vacation.

Hi, everyone.

I'm Jack.

This is my summer vacation.

I went to my grandparents' house.

We enjoyed diving.

We saw many beautiful fish.

It was amazing.

Then, we cleaned the beach.

It was fun.

This is ～.：これは～です。　my grandparents' house：私の祖父母の家　we：私たち
many：たくさんの　then：それから　clean：掃除する

58

文章の内容について、次の質問に答えましょう。

(1) 内容に合う文となるように、（　）に日本語を書きましょう。

ジャックは夏休みに（　　　　　　　　　　　　　　　　　　　　　　　）に行きました。

(2) ジャックたちが夏休みに楽しんだことと見たものを、それぞれ日本語で（　）に書きましょう。

①楽しんだこと：（　　　　　　　　　　　　　　）

②見たもの：（　　　　　　　　　　　　　　）

(3) ジャックが掃除した場所を、左ページに示された英語2語で＿＿に書きましょう。

⭐英文をなぞって書きましょう。

I went to my

grandparents' house.

We enjoyed diving.

We saw many beautiful fish.

It was amazing.

We cleaned the beach.

59

勉強した日 ▶ 月 日

Where do you want to go? ①

学習の目標 ・
いろいろな国名について英語で言えるようになりましょう。

音声

基本のワーク

教科書 60〜68ページ

国名②を表すことばを覚えよう！

⭐ リズムに合わせて、声に出して言いましょう。　☑言えたらチェック ☐☐☐　♪a31

☐ **Australia**
オーストラリア

☐ **Brazil**
ブラジル

☐ **China**
中国

☐ **Egypt**
エジプト

☐ **France**
フランス

☐ **Spain**
スペイン

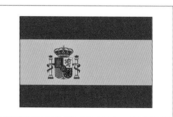

☐ **Italy**
イタリア

☐ **India**
インド

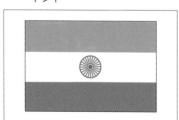

☐ **Kenya**
ケニア

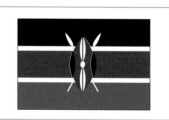

ワードボックス　♪a32

☐ the U.S.A. アメリカ合衆国　　☐ Korea 韓国　　☐ the U.K. イギリス
☐ Finland フィンランド　　☐ Malaysia マレーシア　　☐ New Zealand ニュージーランド

ことば解説

the U.S.A. は the United States of America、the U.K. は the United Kingdom をそれぞれ短くした形です。United は「連合した」という意味です。

書いて練習のワーク

☆ 読みながらなぞって、もう1～2回書きましょう。

Australia

オーストラリア

Brazil

ブラジル

China

中国

Egypt

エジプト

France

フランス

Spain

スペイン

Italy

イタリア

India

インド

Kenya

ケニア

 China は「中国」だけど、china と最初の文字を小文字で書くと「食器類（陶磁器）」の意味になるよ。

61

勉強した日 ▶　　月　　日

Where do you want to go?　②

 学習の目標・
動作、食べ物、動物を表すことばを英語で言えるようになりましょう。

🔊 音声

基本のワーク

教科書 60〜68ページ

 動作③、食べ物③、動物を表すことばを覚えよう！

⭐ リズムに合わせて、声に出して言いましょう。　✓ 言えたらチェック □□□　♪ a33

☐ visit
訪れる

☐ watch
見る、じっくり見る

☐ eat
食べる

☐ go
行く

☐ see
見る、見える

☐ curry and rice
カレーライス

☐ hot dog
複 hot dogs
ホットドッグ

☐ animal
複 animals
動物

☐ koala
複 koalas
コアラ

ワードボックス
♪ a34

☐ enjoy　楽しむ　　☐ ride　乗る　　☐ buy　買う　　☐ pizza　ピザ　　☐ curry　カレー
☐ cheese　チーズ　　☐ horse(s)　ウマ　　☐ dolphin(s)　イルカ　　☐ penguin(s)　ペンギン

ことば解説

see は「〜を見る、〜が見える」という意味で、人やものが自然に目に入ってくるイメージです。
watch は「（注意して）〜を見る」という意味で、動くものをじっと見つめるイメージです。

複…２つ以上のときの形

書いて練習のワーク

⭐ 読みながらなぞって、何回か書きましょう。

visit

訪れる

watch

見る、じっくり見る

eat

食べる

go

行く

see

見る、見える

curry and rice

カレーライス

hot dog

ホットドッグ

animal

動物

koala

コアラ

聞く
話す
読む
書く

英語の
トビラ
go のあとに〜ing の形のことばを続けると、「〜しに行く」という意味になるよ。
例　go swimming ［ゴゥ スウィミング］（泳ぎに行く）

学習の目標
自分の行きたい国について英語で言えるようになりましょう。

 音声

Where do you want to go?　③

基本のワーク

 ♪a35　教科書 60〜68ページ

1 行きたい国のたずね方と答え方

✔言えたらチェック □□□

Where do you want to go?
あなたはどこに行きたいですか。

I want to go to India.
私はインドに行きたいです。

❀「あなたはどこに行きたいですか」は、**Where do you want to go?** と言います。

❀「私は〜に行きたいです」は、**I want to go to 〜.** と言います。

🔊 声に出して 書ってみよう　□に入ることばを入れかえて言いましょう。

たずね方 **Where do you want to go?**

答え方 **I want to go to** India **.**
- Australia
- the U.S.A.
- Italy

📓 表現べんり帳

where は「どこに」という意味で、場所をたずねるときに使います。
例 Where are you now?
（あなたは今どこにいますか）

2 理由のたずね方と答え方

✔言えたらチェック □□□

Why?
なぜですか。

I want to eat curry.
私はカレーが食べたいからです。

❀理由をたずねるとき、「なぜですか」は **Why?** と言います。

❀理由を答える「私は〜したい（から）です」は、**I want to 〜.** と言います。

🔊 声に出して 書ってみよう　□に入ることばを入れかえて言いましょう。

たずね方 **Why?**

答え方 **I want to** eat curry **.**
- see koalas
- watch baseball games
- eat pizza

📓 表現べんり帳

I want to 〜. のかわりに I'd like to 〜. と言うこともあります。よりていねいに言うときに使います。
例 I'd like to eat pizza.
（私はピザが食べたいです）

ステップアップ 文の最後に the U.S.A. や P.E. のようなピリオドのつくことばがくるときは、ピリオドを2つ重ねることはせずに1つだけにします。 例 ○I like P.E. ×I like P.E..

書いて練習のワーク

☆読みながらなぞって書きましょう。

Where do you want to go?

あなたはどこに行きたいですか。

I want to go to India.

私はインドに行きたいです。

Why?

なぜですか。

I want to eat curry.

私はカレーが食べたいからです。

I want to eat pizza.

私はピザが食べたいからです。

I want to see koalas.

私はコアラが見たいからです。

国名の America はイタリア人の探検家、アメリゴ・ベスプッチにちなんでいるよ。アメリカ大陸に到達したのはコロンブスだけど、アメリカ大陸がアジアとは別の新大陸であることを発見したのはベスプッチなんだ。

Where do you want to go? ④

基本のワーク

 a36 教科書 60 〜 68 ページ

① 国の特ちょうの言い方

✔言えたらチェック □□□

France is a beautiful country.
フランスは美しい国です。

❋ 「〜は…な国です」は、〜 is a[an] … country. と言います。

❋ 「…」に様子や状態を表すことばを入れます。

🔊 声に出して書ってみよう □□に入ることばを入れかえて言いましょう。

France | is | a beautiful | country.

↑ ・Kenya ・Spain   ↑ ・an amazing ・a nice

➕ ちょこっとプラス

an は、あとにくることばが日本語の「ア・イ・ウ・エ・オ」に似た音で始まるときに使います。
例 an apple / an egg

② その国でできることの言い方

✔言えたらチェック □□□

You can visit many castles.
あなたはたくさんの城を訪れることができます。

❋ 「あなたは〜することができます」は、You can 〜. と言います。

❋ 「〜」に動作を表すことばを入れます。

🔊 声に出して書ってみよう □□に入ることばを入れかえて言いましょう。

You can | visit many castles |.

・see many animals ・watch soccer games ・eat delicious foods

🔦 くらべよう

can を使うと「できる」という意味になります。

・I play the piano.
私はピアノを弾きます。

・I can play the piano.
私はピアノを弾くことができます。

 ステップアップ 1枚のピザを切った1切れは、a piece of [ア ピース (オ)ヴ] pizza で表します。食べ物の種類としての「ピザ」は数えられないものとしてあつかうので、ふつう a はつけません。

書いて練習のワーク

⭐ 読みながらなぞって、もう1回書きましょう。

France is a beautiful country.

フランスは美しい国です。

Kenya is an amazing country.

ケニアはすばらしい国です。

You can visit many castles.

あなたはたくさんの城を訪れることができます。

You can see many animals.

あなたはたくさんの動物を見ることができます。

You can watch soccer games.

あなたはサッカーの試合を見ることができます。

聞く
話す
読む
書く

 オーストラリア（60ページ）やニュージーランドの国旗の左上の部分は、イギリス国旗の「ユニオンジャック」を取り入れてイギリスとのつながりを表しているよ。

聞いて練習のワーク

できた数

／8問中

🔊音声

教科書　60 〜 68 ページ　答え　5 ページ

1 音声を聞いて、その内容に合う絵を下から選んで、記号を（　）に書きましょう。

♪ t09

(1) （　　　）　(2) （　　　）　(3) （　　　）　(4) （　　　）

ア

イ

ウ

エ

2 音声を聞いて、それぞれの人が行きたい国の国旗を下から選んで、線で結びましょう。

♪ t10

(1)

Ken

(2)

Yuki

(3)

Taku

(4)

Emi

Egypt

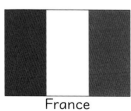

France

Brazil

Spain

まとめのテスト

Where do you want to go?

1 英語の意味を表す日本語を ［＿＿＿］ から選んで、（　）に書きましょう。　　1つ4点〔20点〕

(1) China （　　　　　　　　　　　）

(2) the U.S.A. （　　　　　　　　　　　）

(3) Kenya （　　　　　　　　　　　）

(4) Egypt （　　　　　　　　　　　）

(5) the U.K. （　　　　　　　　　　　）

> アメリカ合衆国（がっしゅうこく）　　イギリス　　エジプト
> イタリア　　　　　　中国　　　　　ケニア

2 日本語の意味を表す英語の文を ［＿＿＿］ から選んで、＿＿＿ に書きましょう。　　1つ15点〔30点〕

(1) イタリアはよい国です。

_____

_____

(2) あなたはピザを食べることができます。

_____

_____

> Italy is a nice country.
> You can see koalas.
> You can eat pizza.

聞く
話す
読む
書く

69

リーディング レッスン

教科書 69 ページ　　答え 5 ページ

次の英語の文を3回読みましょう。

 言えたらチェック □ □ □

This is my city.

Portland is a popular city in the U.S.A.

It's friendly to people, animals, and nature.

In Portland, you can enjoy beautiful parks.

You can go around the city by bicycle.

It's a clean, green city.

Please come and see this city.

city：市、都市　　Portland：ポートランド（アメリカの都市）　　popular：人気のある
friendly to ～：～にやさしい　　people：人々　　nature：自然　　in ～：～（の中）で
park：公園　　go around ～：～をまわる　　by bicycle：自転車で　　clean：きれいな
green：緑の（多い）　　come and see：見にくる

70

Question

文章の内容について、次の質問に答えましょう。

(1) ポートランドでできることを2つ、それぞれ日本語で（　）に書きましょう。

①美しい公園を（　　　　　　　　　　　　　　　　　）こと。

②（　　　　　　　　　　　　　　　　　　　　　）で都市をまわること。

(2) ポートランドがある国を、左ページに示された英語で＿＿に書きましょう。

(3) 内容に合う文となるように、（　）に日本語を書きましょう。

ポートランドは（　　　　　　　　）、（　　　　　　　　）、（　　　　　　　　　　）

にやさしい都市です。

☆英文をなぞって書きましょう。

Portland is a popular

city in the U.S.A.

It's friendly to people.

You can go around the

city by bicycle.

It's a clean, green city.

My Best Memory ①

基本のワーク

学校行事を表すことばを覚えよう！

⭐ リズムに合わせて、声に出して言いましょう。　✓言えたらチェック □□□　♪a37

□ **entrance ceremony**

入学式

□ **swimming meet**

水泳大会

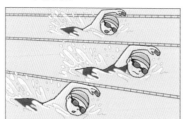

□ **sports day**

運動会

□ **music festival**

音楽祭

□ **drama festival**

えんげき
演劇発表会

□ **hiking**

ハイキング

□ **school trip**

修学旅行

□ **volunteer day**

ボランティアデー

□ **graduation ceremony**

卒業式

ワードボックス

♪a38

□ field trip　遠足
□ singing songs　歌を歌うこと
□ hiking in the mountain　山をハイキングすること
□ camping　キャンプ
□ tug of war　つな引き

ことば解説

cooking、singing などのように、動作を表すことば（cook、sing）に ing がつくと「〜すること」という意味です。swim → swimming、dance → dancing のように、少し形が変化するものもあります。

書いて練習のワーク

☆ 読みながらなぞって書きましょう。

entrance ceremony

入学式

swimming meet

水泳大会

sports day

運動会

music festival

音楽祭

drama festival

演劇発表会

hiking

ハイキング

school trip

修学旅行

volunteer day

ボランティアデー

graduation ceremony

卒業式

 entrance には「入学」という意味のほかに、「入り口、玄関(げんかん)」という意味があるよ。日本語でも建物の入り口をさすときに「エントランス」と言うことがあるね。

勉強した日 ▶ 　月　　日

学習の目標・
思い出について英語で言ったりたずねたりできるようになりましょう。

🔊 音声

My Best Memory ②

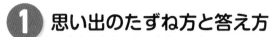

♪ a39　教科書 70〜78 ページ

---

① 思い出のたずね方と答え方

 言えたらチェック □□□

What is your best memory?
あなたのいちばんの思い出は何ですか。

My best memory is the hiking.
私のいちばんの思い出はハイキングです。

✿ 「あなたのいちばんの思い出は何ですか」は、**What is your best memory?** と言います。

✿ 「私のいちばんの思い出は〜です」は、**My best memory is 〜.** と言います。

🔈 声に出して 書ってみよう 　　　に入ることばを入れかえて言いましょう。

たずね方 **What is your best memory?**

答え方 **My best memory is** [the hiking]:

- the drama festival
- the field trip
- the swimming meet

➕ ちょこっとプラス
your は「あなたの」、my は「私の」という意味です。使い分けに注意しましょう。

---

② 思い出の言い方

 言えたらチェック □□□

I saw beautiful flowers.
私は美しい花を見ました。

✿ 「私は〜しました」と言うときは、**saw**（見た）のような過去を表すことばを使います。

🔈 声に出して 書ってみよう 　　　に入ることばを入れかえて言いましょう。

I [saw beautiful flowers]:

- enjoyed camping
- enjoyed singing songs
- went to Kyoto

💭 思い出そう
Lesson 4 でも学習した、saw（見た）、went（行った）、enjoyed（楽しんだ）、ate（食べた）はすべて過去の動作を表します。

---

flower［フラウア］は「花」という意味ですが、「小麦粉」という意味の flour もまったく同じ読み方をします。また、「見る」の see と「海」の sea も同じ発音（［スィー］）です。

書いて練習のワーク

☆ 読みながらなぞって、もう1回書きましょう。

What is your best memory?

あなたのいちばんの思い出は何ですか。

My best memory is the hiking.

私のいちばんの思い出はハイキングです。

I saw beautiful flowers.

私は美しい花を見ました。

I enjoyed camping.

私はキャンプを楽しみました。

I went to Kyoto.

聞く
話す
読む
書く

私は京都に行きました。

 アメリカの学校では、学年はふつう9月に始まり、次の年の6月に終わるよ。夏休みはとても長くて約3か月もあるんだよ。

聞いて練習のワーク

教科書 70〜78ページ　答え 6ページ

1 音声を聞いて、その行事を表す絵を下から選んで、記号を（　）に書きましょう。

♪ t11

(1) (　　　)　　(2) (　　　)　　(3) (　　　)　　(4) (　　　)

ア　演劇発表会

イ　ハイキング

ウ　卒業式

エ　修学旅行

2 音声を聞いて、それぞれの人のいちばんの思い出を表しているものを線で結びましょう。

♪ t12

(1)

Nana

(2)

Toru

(3)

Ai

(4)

Kei

まとめのテスト

My Best Memory

勉強した日 　月　　日

得点

/50点

時間 20分

教科書 70 〜 78 ページ　答え 6 ページ

1 英語の意味を表す日本語を [____] から選んで、( ) に書きましょう。　　1つ4点〔20点〕

(1) sports day　　　　　　　(　　　　　　　　　　)

(2) swimming meet　　　　(　　　　　　　　　　)

(3) entrance ceremony　(　　　　　　　　　　)

(4) volunteer day　　　　　(　　　　　　　　　　)

(5) graduation ceremony(　　　　　　　　　　)

> 水泳大会　　　入学式　　　卒業式
> ボランティアデー　　　運動会

2 日本語の意味を表す英語の文を [____] から選んで、──── に書きましょう。　　1つ15点〔30点〕

(1) あなたのいちばんの思い出は何ですか。

(2) [(1)に答えて] 私(わたし)のいちばんの思い出は音楽祭です。

> My best memory is the music festival.
> What is your best memory?
> I like the music festival.

聞く
話す
読む
書く

リーディング レッスン

教科書 79 ページ　答え 7 ページ

⭐ 次の英語の文を 3 回読みましょう。

☑言えたらチェック ☐☐☐

This is my best memory.

My best memory is the field trip.

We went to a power station.

We can get power from nature.

It's safe and clean.

It's kind to the earth.

It's wonderful.

I want to be a scientist.

I want to help people.

power station：発電所　　get：手に入れる　　power：電力　　from 〜：〜から
safe：安全な　　clean：きれいな　　kind to 〜：〜にやさしい　　the earth：地球
scientist：科学者　　help：助ける　　people：人々

Question

左の文章はアリーナの思い出に関するものです。その内容について、次の質問に答えましょう。

(1) 自然から手に入る電力の特徴を3つ、それぞれ日本語で（　）に書きましょう。

① （　　　　　　　　　　　）である。　　②（　　　　　　　　　　　　　　）である。

③ （　　　　　　　　　）にやさしい。

(2) アリーナがつきたい職業を、左ページに示された英語2語で＿＿に書きましょう。

(3) 内容に合う文となるように、（　）に日本語を書きましょう。

アリーナのいちばんの思い出は（　　　　　　　　　　　　　　）で発電所に行ったことです。

⭐ **英文をなぞって書きましょう。**

My best memory is the
field trip.
We went to a power station.
We can get power from
nature.
It's kind to the earth.
I want to help people.

79

My Dream ①

基本のワーク

学習の目標・
職業を表すことばを英語で言えるようになりましょう。

音声

教科書 86 ～ 94 ページ

職業①を表すことばを覚えよう！

⭐ リズムに合わせて、声に出して言いましょう。　✓言えたらチェック □□□　♪a40

□ **doctor** 複doctors
医師

□ **nurse** 複nurses
看護師（かんごし）

□ **vet** 複vets
じゅう医師

□ **teacher** 複teachers
先生

□ **pilot** 複pilots
パイロット

□ **cook** 複cooks
コック、料理人

□ **police officer** 複police officers
警察官（けいさつかん）

□ **firefighter** 複firefighters
消防士

□ **bus driver** 複bus drivers
バスの運転手

ワードボックス

♪a41

□ dentist(s) 歯医者　　□ flight attendant(s) 客室乗務員　　□ zookeeper(s) 動物園の飼育係
□ programmer(s) プログラマー　　□ artist(s) 芸術家（げいじゅつか）　　□ designer(s) デザイナー

ことば解説

vet は「じゅう医師」という意味の veterinarian [ヴェテリネアリアン] を短くしたことばです。
police officer の officer には「役人」や「公務員」という意味があります。

複…2人以上のときの形

英語カード 1 ～ 14

書いて練習のワーク

⭐ 読みながらなぞって、もう1〜2回書きましょう。

doctor

医師

nurse

看護師

vet

じゅう医師

teacher

先生

pilot

パイロット

cook

コック、料理人

police officer

警察官

firefighter

消防士

bus driver

バスの運転手

 日本語では「客室乗務員」のことをキャビン・アテンダント（CA）と言うこともあるけれど、英語ではほとんど使われないよ。英語では、ふつう flight attendant ［フライト アテンダント］と言うよ。

My Dream ②

基本のワーク

学習の目標・
職業を表すことばを英語で言えるようになりましょう。

音声

教科書 86～94 ページ

職業②を表すことばを覚えよう！

⭐ リズムに合わせて、声に出して言いましょう。　✓言えたらチェック □□□　♪ a42

□ **astronaut**
　　　　　　　　　　複 astronauts
うちゅうひこうし
宇宙飛行士

□ **baseball player**
　　　　　複 baseball players
野球選手

□ **soccer player**
　　　　　複 soccer players
サッカー選手

□ **comedian**
　　　　複 comedians
コメディアン

□ **singer** 複 singers
歌手

□ **farmer** 複 farmers
農家

□ **carpenter**
　　　複 carpenters
大工

□ **baker** 複 bakers
パン屋、パン職人

□ **florist** 複 florists
花屋（人）

😀 **発音コーチ**

florist の f は上の前歯を軽く下くちびるに当て、息を出すように「フ」と発音します。日本語の「フ」のようにはっきりとは発音しないことに注意しましょう。

📖 **ことば解説**

動作やものを表すことばの最後に er、or、ist などをつけると、それをする職業を表すことばになるものがあります。
例　sing（歌う）＋ er → singer ／ act（演じる）＋ or → actor（俳優）／ art（芸術）＋ ist → artist（芸術家）

複…2人以上のときの形

書いて練習のワーク

☆ 読みながらなぞって、もう1〜2回書きましょう。

astronaut

宇宙飛行士

baseball player

野球選手

soccer player

サッカー選手

comedian

コメディアン

singer

歌手

farmer

農家

carpenter

大工

baker

パン屋、パン職人

florist

花屋（人）

聞く
話す
読む
書く

 astro- は「星、天体」などの意味を表すよ。これをふくむことばには、astronaut（宇宙飛行士）のほかに、astronomy［アストゥラノミィ］（天文学）や astrology［アストゥラロヂィ］（占星術）などがあるよ。

My Dream　③

基本のワーク

 音声

教科書 86〜94 ページ

職業③、動作④を表すことばを覚えよう！

☆ リズムに合わせて、声に出して言いましょう。　✔言えたらチェック □□□　♪a43

□ **musician**
複 musicians
音楽家

□ **scientist**
複 scientists
科学者

□ **pastry chef**
かししょくにん
菓子職人　複 pastry chefs

□ **bake**
焼く

□ **cook**
料理する

□ **teach**
教える

□ **speak**
話す

□ **draw**
（絵を）描く

□ **help**
助ける

 ワードボックス　♪a44

□ watch　見る、じっくり見る　□ make　作る　□ build　建てる　□ create　つくり出す
□ speak English　英語を話す　□ speak Chinese　中国語を話す　□ video game(s)　テレビゲーム

 とば解説

動作を表すことばの ing のつけ方に注意しましょう。①そのままつける　fish（つりをする）→ fishing
②最後の e をとってつける　make → making　③最後の文字を重ねてつける　run → running

複…2人以上のときの形

書いて練習のワーク

⭐ 読みながらなぞって、もう1〜2回書きましょう。

musician

音楽家

scientist

科学者

pastry chef

菓子職人

bake

焼く

cook

料理する

teach

教える

speak

話す

draw

（絵を）描く

help

助ける

聞く
話す
読む
書く

bake はオーブンでクッキーやパンなどを焼くことを言うよ。できあがっているパンを焼くことは toast ［トゥスト］と言い、魚や肉を直火で焼くことは grill ［グリル］と言うよ。

学習の目標・
つきたい職業について英語で言えるようになりましょう。

🔊 音声

My Dream ④
基本のワーク

♪ a45　教科書 86 ～ 94 ページ

❶ つきたい職業の言い方

✔言えたらチェック □□□

I want to be a soccer player.
私はサッカー選手になりたいです。

❀ 「私は～になりたいです」は、**I want to be ～.** と言います。

❀ 「～」に職業を表すことばを入れます。

🔊 ＜ 声に出して 書ってみよう ＞ □ に入ることばを入れかえて言いましょう。

I want to be a soccer player **.**

↑ ▪ a pilot　▪ a farmer　▪ a cook

💡思い出そう

「私は～したいです」
（64 ページで学習）
例 I want to go to India. （私はインドに行きたいです）

❷ つきたい職業のたずね方と答え方

✔言えたらチェック □□□

What do you want to be?
あなたは何になりたいですか。

I want to be a vet.
私はじゅう医師になりたいです。

❀ 「あなたは何になりたいですか」は、**What do you want to be?** と言います。

❀ 「私は～になりたいです」は、**I want to be ～.** と言います。

🔊 ＜ 声に出して 書ってみよう ＞ □ に入ることばを入れかえて言いましょう。

たずね方 **What do you want to be?**

答え方 **I want to be** a vet **.**

↑ ▪ a nurse　▪ a florist
▪ an astronaut

📖表現べんり帳

What do you want to be? への相手の答えには Nice dream. （すてきな夢ですね） や、That's great. （すばらしいですね） などと言います。

ステップアップ　What do you want to be? に 「将来(に)」 を表す in the future ［インザフューチャ］ をつけて、What do you want to be in the future?「あなたは将来、何になりたいですか」 とたずねることもできます。

書いて練習のワーク

⭐ 読みながらなぞって、もう1回書きましょう。

I want to be a soccer player.

私はサッカー選手になりたいです。

I want to be a cook.

私はコックになりたいです。

What do you want to be?

あなたは何になりたいですか。

I want to be a vet.

私はじゅう医師になりたいです。

I want to be an astronaut.

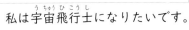

私は宇宙飛行士になりたいです。

 cook には「料理する」という意味があるけれど、「コック、料理人」という職業を表す意味もあるよ。文の内容に応じて注意して区別しようね。

学習の目標
なりたい職業やしたいこと、できることや得意なことを英語で言えるようになりましょう。

音声

My Dream ⑤

基本のワーク

♪a46 　教科書 86〜94 ページ

① つきたい職業としたいことの言い方

✓ 言えたらチェック □□□

I want to be a doctor.
私は医師になりたいです。

I want to help people.
私は人々を助けたいです。

✿ つきたい職業で自分のしたいことを言うときは、**I want to 〜.**（私は〜したいです）と言います。「〜」には「したいこと」を入れます。

🔊 声に出して書ってみよう 　□ に入ることばを入れかえて言いましょう。

I want to be a doctor. ← • a teacher 　• a baker

I want to help people. ← • teach math
　• bake delicious bread

📝 表現べんり帳

相手の言ったことについておどろいたときは、語尾を上げて Really?［リー（ア）ッィ］（ほんとうに？）などと言います。

② できること、得意なことの言い方

✓ 言えたらチェック □□□

I can run fast.
私は速く走ることができます。

I'm good at swimming.
私は泳ぐことが得意です。

✿ 「私は〜することができます」は、**I can 〜.** と言います。「〜」にできることを入れます。

✿ 「私は〜が得意です」は、**I'm good at 〜.** と言います。「〜」に得意なことを入れます。

🔊 声に出して書ってみよう 　□ に入ることばを入れかえて言いましょう。

I can run fast. ← • cook well 　• sing well

I'm good at swimming. ← • drawing pictures
　• dancing

➕ ちょこっとプラス

good at のあとには、動作を表すことばだけではなく、math や music などの教科名を入れることもできます。

ステップアップ

つきたい職業を言ったあと、I like 〜.（私は〜するのが好き（だから）です）と理由を言うこともできます。
例　I like singing.（私は歌うのが好きです）/ I like playing the piano.（私はピアノを弾くのが好きです）

書いて練習のワーク

⭐ 読みながらなぞって、もう1回書きましょう。

I want to be a doctor.

私は医師になりたいです。

I want to help people.

私は人々を助けたいです。

I can run fast.

私は速く走ることができます。

I'm good at swimming.

私は泳ぐことが得意です。

I'm good at drawing pictures.

🎧 聞く

🎤 話す

📖 読む

✏️ 書く

私は絵を描くことが得意です。

 英語の トビラ　draw は絵を描くときに使い、文字を書くときは write〔ライト〕を使うよ。また、「絵」を表す picture には「写真」という意味もあるよ。

聞いて練習のワーク

できた数

／8問中

① 音声を聞いて、その職業を表す絵を下から選んで、記号を（　）に書きましょう。

(1) （　　　）　　(2) （　　　）　　(3) （　　　）　　(4) （　　　）

ア

イ

ウ

エ

② 音声を聞いて、それぞれの人がつきたい職業を線で結びましょう。

(1)

Yuki

(2)

Ken

(3)

Nana

(4)

Kei

まとめのテスト

My Dream

1 英語の意味を表す日本語を ［　　］から選んで、（　）に書きましょう。　　1つ4点〔20点〕

(1) speak　　　　　　　（　　　　　　　）

(2) dance　　　　　　　（　　　　　　　）

(3) comedian　　　　　（　　　　　　　）

(4) police officer　　　（　　　　　　　）

(5) firefighter　　　　（　　　　　　　）

> コメディアン　　　消防士　　　警察官（けいさつかん）
>
> パン屋、パン職人　　話す　　　おどる

2 日本語の意味を表す英語の文を ［　　］から選んで、——— に書きましょう。　　1つ15点〔30点〕

(1) 私（わたし）は歌うことが得意です。

(2) 私はたくさんの人々（ひとびと）を助けたいです。

> I can run fast.
>
> I want to help many people.
>
> I'm good at singing.

リーディング レッスン

教科書 　95 ページ　　答え 8 ページ

⭐ 次の英語の文を３回読みましょう。　　　　　　　✓ 言えたらチェック ☐ ☐ ☐

This is my dream.

I have a big dream.

I want to be an astronaut.

My country was not safe.

I said "goodbye" to my country.

I was sad.

Now I'm safe.

I look at the sky every day.

big：大きな　　was not 〜：〜ではありませんでした　　safe：安全な
goodbye：さようなら　　the sky：空　　every day：毎日

92

 **Question** ·· でき た数

/5問中

左の文章はアリの夢に関するものです。その内容について、次の質問に答えましょう。

(1) アリが「毎日していること」を日本語で（　）に書きましょう。

（　　　　　　　　　　　　　）を見る

(2) アリがつきたい職業を、左ページに示された英語2語で＿＿に書きましょう。

(3) 左ページの内容に合うように、（　）にあてはまる日本語を書きましょう。

アリの国は（　　　　　　　　　　）ではなかったので、アリは国に「さようなら」を言った。

アリは（　　　　　　　）かった。

しかし今、アリは（　　　　　　　　）である。

⭐英文をなぞって書きましょう。

I have a big dream.

I want to be an astronaut.

My country was not safe.

I was sad.

Now I'm safe.

I look at the sky every day.

My Junior High School Life ①

基本のワーク

教科を表すことばを覚えよう！

⭐ リズムに合わせて、声に出して言いましょう。　✓ 言えたらチェック □□□ ♪ a47

☐ **Japanese**

国語

☐ **math**

算数（数学）

☐ **science**

理科

☐ **social studies**

社会

☐ **English**

英語

☐ **music**

音楽

☐ **P.E.**

体育

☐ **arts and crafts**

図画工作

☐ **home economics**

家庭科

😀 発音コーチ

math の th は、舌の先を前歯で軽くかむようにし、そのすき間から「ス」と息だけを出します。日本語の「す」のように音は出ません。

📖 ことば解説

Japanese は「国語」という意味のほかに「日本語」という意味もあります。また、「日本人」や「日本の」という意味でも使います。

書いて練習のワーク

⭐ 読みながらなぞって、書きましょう。

Japanese

国語

math

算数（数学）

science

理科

social studies

社会

English

英語

music

音楽

P.E.

体育

arts and crafts

図画工作

聞く
話す
読む
書く

home economics

家庭科

 英語の
トビラ　アメリカの小学校の「国語」にあたる英語の授業は language arts ［ラングウィヂ アーツ］ といい、「読む・書く・話す・聞く」などの技能を総合的に学習するよ。学校によってはスペイン語などの外国語の授業もあるよ。

My Junior High School Life ②

基本のワーク

学習の目標・
中学校の部活動を表す
ことばを英語で言える
ようになりましょう。

 音声

教科書 96〜105 ページ

部活動を表すことばを覚えよう！

🌀 リズムに合わせて、声に出して言いましょう。　✓ 言えたらチェック □□□　♪a48

☐ **baseball team**

野球部

☐ **soccer team**

サッカー部

☐ **tennis team**

テニス部

☐ **basketball team**
バスケットボール部

☐ **volleyball team**

バレーボール部

☐ **brass band**

ブラスバンド部

☐ **chorus**

合唱部

☐ **art club**

美術部

☐ **science club**

科学部

ワードボックス

♪a49

☐ junior high school　中学校
☐ softball team　ソフトボール部

☐ track and field team　陸上部
☐ drama club　演劇部

☐ calligraphy club　書道部

ことば解説

学校の部活動について言うとき、team は運動部に、club は文化部に使うことが多いです。
また、brass band（ブラスバンド部）と chorus（合唱部）には、ふつう club をつけずに使います。

書いて練習のワーク

⭐ 読みながらなぞって、書きましょう。

baseball team

野球部

soccer team

サッカー部

tennis team

テニス部

basketball team

バスケットボール部

volleyball team

バレーボール部

brass band

ブラスバンド部

chorus

合唱部

art club

美術部

science club

科学部

聞く
話す
読む
書く

日本語の「パソコン」は、パーソナルコンピュータ（personal［パーソナル］computer）を略した言い方で、英語としては通じないよ。英語で略して言うときは PC だよ。

🔊 音声

My Junior High School Life ③

基本のワーク

♪ a50　教科書 96 ～ 105 ページ

---

① 好きな教科、勉強したい教科の言い方

✓ 言えたらチェック ☐☐☐

I like math.
私は算数（数学）が好きです。

I want to study math hard.
私は算数（数学）を一生懸命に勉強したいです。

$$2x - 5 = 1$$
$$2 : x = 3 : 5$$
$$3x + 2y = 21$$

✿ 「私は〜が好きです」は、**I like 〜.** と言います。「〜」に教科名を入れます。

✿ 「私は〜（教科）を一生懸命に勉強したいです」は、**I want to study 〜 hard.** と言います。

🔊 声に出して言ってみよう　◯◯に入ることばを入れかえて言いましょう。

I like [math] .　・Japanese　・social studies　・science

I want to study [math] hard.

➕ ちょこっとプラス

hard は「一生懸命に」という意味です。動作を表すことばに意味を加え、「〜を」にあたることばのあとに置きます。

---

② 入りたい部活動の言い方

✓ 言えたらチェック ☐☐☐

I want to join the volleyball team.
私はバレーボール部に入りたいです。

✿ 「私は〜に入りたいです」は、**I want to join 〜.** と言います。「〜」に入りたい部活動を表すことばを入れます。

🔊 声に出して言ってみよう　◯◯に入ることばを入れかえて言いましょう。

I want to join [the volleyball team] .

・the baseball team　・the chorus　・the art club

💡 思い出そう

want to 〜を使った表現

want to see 〜
（〜を見たい）

want to eat 〜
（〜を食べたい）

ステップアップ　hard は、study 以外の動作を表すことばのあとでもよく使われます。
例　I practice tennis hard.（私はテニスを一生懸命に練習します）

書いて練習のワーク

⭐ 読みながらなぞって、もう1回書きましょう。

I like math.

私は算数（数学）が好きです。

I like Japanese.

私は国語が好きです。

I want to study math hard.

私は算数（数学）を一生懸命に勉強したいです。

I want to study Japanese hard.

私は国語を一生懸命に勉強したいです。

I want to join the volleyball team.

私はバレーボール部に入りたいです。

I want to join the art club.

聞く
話す
読む
書く

私は美術部に入りたいです。

 「〜に所属している」と言うときは、belong［ビロ（ー）ング］to 〜を使います。
例　I belong to the volleyball team.（私はバレーボール部に所属しています）

聞いて練習のワーク

できた数

/8問中

音声

教科書 96～105 ページ　　答え 9 ページ

1 音声を聞いて、その教科を表す絵を下から選んで、記号を（　）に書きましょう。

🎵 t15

(1) (　　　)　　(2) (　　　)　　(3) (　　　)　　(4) (　　　)

ア　英語

イ　社会

ウ　理科

エ　算数

2 音声を聞いて、それぞれの人が入りたい部活動を線で結びましょう。

🎵 t16

(1)

Ai
•

(2)

Taku
•

(3)

Emi
•

(4)

Satoru
•

•　　　　　　　•　　　　　　　•　　　　　　　•

まとめのテスト

My Junior High School Life

得点

/50点

時間 20分

教科書 96 〜 105 ページ　答え 9 ページ

1 英語の意味を表す日本語を ┆┈┈┆ から選んで、（ ）に書きましょう。　　1つ4点〔20点〕

(1) chorus （　　　　　　　　　　）

(2) brass band （　　　　　　　　　　）

(3) baseball team （　　　　　　　　　　）

(4) P.E. （　　　　　　　　　　）

(5) arts and crafts （　　　　　　　　　　）

┌─────────────────────────────┐
│ 野球部　　テニス部　　ブラスバンド部 │
│ 合唱部　　体育　　　　図画工作 │
└─────────────────────────────┘

2 日本語の意味を表す英語の文を ┆┈┈┆ から選んで、──── に書きましょう。　　1つ10点〔30点〕

(1) 私は音楽が好きです。

(2) 私は国語を一生懸命に勉強したいです。

(3) 私は美術部に入りたいです。

┌───┐
│ I like music. │
│ I want to join the art club. │
│ I want to study Japanese hard. │
└───┘

語順 / 過去形 / 単数形・複数形 / 英語の発音

プラスワーク

 音声

 1 語順

⭐ 英語のことばの順序を覚えましょう。

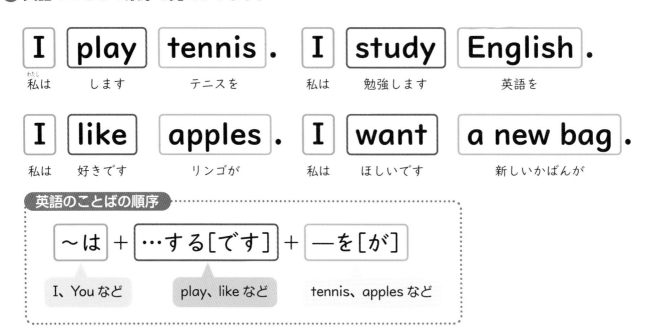

I	play	tennis	.	I	study	English	.
私は	します	テニスを		私は	勉強します	英語を	

I	like	apples	.	I	want	a new bag	.
私は	好きです	リンゴが		私は	ほしいです	新しいかばんが	

英語のことばの順序

~は + …する[です] + ―を[が]

I、You など　　play、like など　　tennis、apples など

2 過去形

⭐ 「~しました」と過去を表す表現を覚えましょう。

I went to the zoo.　　　　私は動物園に<u>行きました</u>。
└ もとの形：go

I saw pandas.　　　　　　私はパンダを<u>見ました</u>。
└ もとの形：see

I ate *takoyaki*.　　　　　私はたこやきを<u>食べました</u>。
└ もとの形：eat

I enjoyed camping.　　　　私はキャンプを<u>楽しみました</u>。
└ もとの形：enjoy

「~しました」と過去のことを
表すとき、英語では語（動詞）
の形を変えるんだよ！
この形を**過去形**と言うよ。

3 単数形・複数形

⭐ ものを表すことばは、1つのときと2つ以上を表すときでは、形がかわります。両方の形を覚えましょう。

a cat two cats

a bat three bats

a pig four pigs

a box five boxes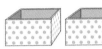

 数えられるものが1つの場合（**単数形**）、そのことばの前に a または an をつけるよ！

数えられるものが2つ以上の場合（**複数形**）、そのことばの最後に s や es をつけるよ！

4 英語の発音

⭐ 英語らしい発音をするために、次のことに注意して言いましょう。

① f と v、r と l の発音

fish / vet、 room / lion

② 強く読むところ

banana volleyball cycling vegetable

Where do you want to go? – I want to go to China.

③ 声の上げ下げ

Do you like science? （↗） – Yes, I do. （↘）

What sport do you like? （↘） – I like baseball. （↘）

ローマ字表

〔ヘボン式〕

※〔 〕は訓令式です。

	A	I	U	E	O			
A	a ア	i イ	u ウ	e エ	o オ			
K	ka カ	ki キ	ku ク	ke ケ	ko コ	kya キャ	kyu キュ	kyo キョ
S	sa サ	shi [si] シ	su ス	se セ	so ソ	sha [sya] シャ	shu [syu] シュ	sho [syo] ショ
T	ta タ	chi [ti] チ	tsu [tu] ツ	te テ	to ト	cha [tya] チャ	chu [tyu] チュ	cho [tyo] チョ
N	na ナ	ni ニ	nu ヌ	ne ネ	no ノ	nya ニャ	nyu ニュ	nyo ニョ
H	ha ハ	hi ヒ	fu [hu] フ	he ヘ	ho ホ	hya ヒャ	hyu ヒュ	hyo ヒョ
M	ma マ	mi ミ	mu ム	me メ	mo モ	mya ミャ	myu ミュ	myo ミョ
Y	ya ヤ	—	yu ユ	—	yo ヨ			
R	ra ラ	ri リ	ru ル	re レ	ro ロ	rya リャ	ryu リュ	ryo リョ
W	wa ワ	—	—	—	—			
N	n ン							
G	ga ガ	gi ギ	gu グ	ge ゲ	go ゴ	gya ギャ	gyu ギュ	gyo ギョ
Z	za ザ	ji [zi] ジ	zu ズ	ze ゼ	zo ゾ	ja [zya] ジャ	ju [zyu] ジュ	jo [zyo] ジョ
D	da ダ	ji [zi] ヂ	zu ヅ	de デ	do ド			
B	ba バ	bi ビ	bu ブ	be ベ	bo ボ	bya ビャ	byu ビュ	byo ビョ
P	pa パ	pi ピ	pu プ	pe ペ	po ポ	pya ピャ	pyu ピュ	pyo ピョ

動画で復習 & アプリで練習！

重要表現まるっと整理

6年生の重要表現を復習するよ！動画でリズムに合わせて楽しく復習したい人は **1** を、はつおん練習にチャレンジしたい人は **2** を読んでね。**1** → **2** の順で使うとより効果的だよ！

Alec先生

1 「わくわく動画」の使い方

各ページの冒頭についているQRコードを読み取ると、動画の再生ページにつながります。

Alec先生に続けて子どもたちが1人ずつはつおんします。Alec先生が「You!」と呼びかけたらあなたの番です。

It's your turn! （あなたの番です）が出たら、画面に出ている英文をリズムに合わせてはつおんしましょう。

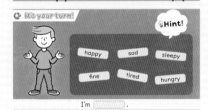

最後に自己表現の練習をします。
It's your turn! が出たら、画面上の英文をはつおんしましょう。　　　　の中に入れる単語は **Hint!** も参考にしましょう。

2 「文理のはつおん上達アプリ　おん達」の使い方

ホーム画面下の「かいわ」を選んで、学習したいタイトルをおします。

トレーニング
❶ 🔊 をおしてお手本の音声を聞きます。
❷ 🎤 をおして英語をふきこみます。
❸ 点数を確認し、▶ をおして自分の音声を聞きましょう。

ダウンロード

アクセスコード
EENGNF9a

チャレンジ
❶ カウントダウンのあと会話が始まります。
❷ 🎤 が光ったら英語をふきこみ、最後にもう一度 🎤 をおします。
❸ "Role Change!"と出たら役をかわります。

第1回 生活や家事について
重要表現まるっと整理

6-01

⬡ アプリを使って会話の練習をしましょう。80点以上になるように何度も練習しましょう。

トレーニング 生活や家事についての表現を練習しましょう。＿＿の部分をかえて練習しましょう。

♪ s01

☐① What time do you usually get up?

・go to school ・have dinner ・go to bed

あなたはたいてい何時に起きますか。

☐② I usually get up at 7:00.

・go to school ・have dinner ・go to bed　・8:00 ・6:30 ・9:00

わたしはたいてい7時に起きます。

☐③ What do you do in the morning?

あなたは午前中、何をしますか。

☐④ I always walk the dog.

・usually ・sometimes　・clean my room ・wash the dishes ・take out the garbage

わたしはいつもイヌを散歩させます。

チャレンジ 生活や家事についての会話を練習しましょう。

♪ s02

第2回 行きたい国について
重要表現まるっと整理

6-02

⭐ アプリを使って会話の練習をしましょう。80点以上になるように何度も練習しましょう。

トレーニング　行きたい国についての表現を練習しましょう。____の部分をかえて練習しましょう。

♪ s03

☐① **Where do you want to go?**　あなたはどこへ行きたいですか。

☐② **I want to go to Italy.**　わたしはイタリアへ行きたいです。
・Australia　・India　・Egypt

☐③ **Why?**　なぜですか。

☐④ **I want to eat pizza.**　わたしはピザが食べたいです。
・see koalas　・eat curry　・see the pyramids

まねして
言ってみよう！

チャレンジ　行きたい国についての会話を練習しましょう。

♪ s04

聞く
話す
読む
書く

第3回

夏休みにしたことについて
重要表現まるっと整理

6-03

動画

⭐ アプリを使って会話の練習をしましょう。80点以上になるように何度も練習しましょう。

トレーニング　夏休みにしたことについての表現を練習しましょう。___の部分をかえて練習しましょう。

♪ s05

☐① How was your summer vacation?　　あなたの夏休みはどうでしたか。

☐② I went to the mountains.　　わたしは山へ行きました。
　　・the summer festival　・my grandparents' house　・the sea

☐③ I enjoyed camping.　　わたしはキャンプを楽しみました。
　　・saw fireworks　・ate watermelon　・enjoyed swimming

☐④ It was great.　　すばらしかったです。
　　・exciting　・delicious　・fun

チャレンジ　夏休みにしたことについての会話を練習しましょう。

♪ s06

How was your summer vacation?

I went to the mountains.

I enjoyed camping.
It was great.

第4回 自分の町について
重要表現まるっと整理

6-04

お

動画

⭐アプリを使って会話の練習をしましょう。80点以上になるように何度も練習しましょう。

トレーニング 自分の町についての表現を練習しましょう。＿＿の部分をかえて練習しましょう。

♪ s07

□① We have a <u>stadium</u> in our town.

・zoo ・convenience store ・library

わたしたちの町にはスタジアムがあります。

□② We can <u>see soccer games</u> in the <u>stadium</u>.

・see many animals ・buy snacks ・read many books

・zoo ・convenience store ・library

わたしたちはスタジアムでサッカーの試合を見ることができます。

□③ We don't have <u>an aquarium</u> in our town.

・an amusement park ・a department store ・a bookstore

わたしたちの町には水族館がありません。

□④ I want <u>an aquarium</u> in our town.

・an amusement park ・a department store ・a bookstore

わたしはわたしたちの町に水族館がほしいです。

チャレンジ 自分の町について会話を練習しましょう。

♪ s08

We have a stadium in our town.
We can see soccer games in the stadium.

We don't have an aquarium in our town.
I want an aquarium in our town.

聞く
話す
読む
書く

109

第5回

つきたい職業について
重要表現まるっと整理

6-05

動画

⭐アプリを使って会話の練習をしましょう。80点以上になるように何度も練習しましょう。

トレーニング つきたい職業についての表現を練習しましょう。＿＿の部分をかえて練習しましょう。

♪ s09

☐① What do you want to be?　　　あなたは何になりたいですか。

☐② I want to be <u>a doctor</u>.　　　わたしは医者になりたいです。

　　　・a teacher　・a cook　・an astronaut

☐③ Why?　　　なぜですか。　　がんばって！

☐④ I <u>want to help people</u>.　　　わたしは人びとを助けたいです。

　・like children　・like cooking　・want to go into space

チャレンジ つきたい職業についての会話を練習しましょう。

♪ s10

What do you want to be?

I want to be a doctor.

Why?

I want to help people.

第6回 小学校での一番の思い出について

6-06

重要表現まるっと整理

⭐ アプリを使って会話の練習をしましょう。80点以上になるように何度も練習しましょう。

トレーニング 小学校での一番の思い出についての表現を練習しましょう。＿＿＿の部分をかえて練習しましょう。

♪ s11

☐① What's your best memory? — あなたの一番の思い出は何ですか。

☐② My best memory is our <u>sports day</u>. — わたしの一番の思い出は運動会です。

・field trip ・chorus contest ・school trip

☐③ What did you do? — あなたは何をしましたか。

☐④ I <u>enjoyed running</u>. — わたしは走ることを楽しみました。

・ate *obento* ・enjoyed singing ・saw many temples

チャレンジ 小学校での一番の思い出についての会話を練習しましょう。

♪ s12

What's your best memory?

My best memory is our sports day.

What did you do?

I enjoyed running.

第7回 入りたい部活動について
重要表現まるっと整理

⭐アプリを使って会話の練習をしましょう。80点以上になるように何度も練習しましょう。

トレーニング 入りたい部活動についての表現を練習しましょう。＿＿の部分をかえて練習しましょう。

♪s13

① What club do you want to join?
あなたは何部に入りたいですか。

② I want to join the table tennis team.
わたしは卓球部に入りたいです。
・chorus ・science club ・cooking club

③ What school event do you want to enjoy?
あなたはどんな学校行事を楽しみたいですか。

④ I want to enjoy the school festival.
わたしは学園祭を楽しみたいです。
・chorus contest ・swimming meet ・drama festival

チャレンジ 入りたい部活動についての会話を練習しましょう。

♪s14

実力判定テスト　夏休みのテスト

時間 20分

名前

得点

/100点

●音声

聞く

教科書　14〜49ページ　答え　10ページ

1 音声を聞いて、絵の内容と合っていれば○、合っていなければ×を（　）に書きましょう。

1つ4点〔16点〕

♪t17

(1)

（　　　　）

(2)

（　　　　）

(3)

（　　　　）

(4)

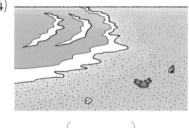

（　　　　）

2 音声を聞いて、それぞれの人の出身地と好きなものを線で結びましょう。

1つ4点〔24点〕

♪t18

(1)

Keita

Japan

(2)

Nana

the U.S.A.

(3)

Ai

Singapore

6 エミの自己しょうかいカードを見て、内容に合うように、⬚から選んで、＿＿に書きましょう。

1つ5点〔25点〕

Emi

【自己しょうかいカード】
名前：エミ
得意なこと：歌うこと
しないこと：おどる
ほしいもの：美しい花

My name is Emi.
I'm ＿＿＿＿＿＿＿ ＿＿＿＿＿＿＿
＿＿＿＿＿＿＿ .
I never ＿＿＿＿＿＿＿ .
I want ＿＿＿＿＿＿＿
flowers.

at / dance / singing / skiing
beautiful / interesting / good

実力判定テスト　夏休みのテスト

時間 10分

名前

得点 /50点

書く

読む

5 日本語に合うように □□□ から英語を選んで、── に書きましょう。文の最初にくることばは大文字で書きはじめましょう。

1つ5点〔25点〕

(1) あなたは何時にねますか。

─────── ─────── do you

go to bed?

(2) あなたはすしを食べることができます。

You ─────── eat *sushi.*

(3) 奈良には多くの神社があります。

We have many ───────

in Nara.

(4) それはおいしいです。

It's ─────── .

time / do / delicious / can / shrines / what

3 音声を聞いて、それぞれの人ができることを下の絵から選んで、記号を（　）に書きましょう。

1つ7点〔28点〕

♪ t19

(1)（　　　　）　　(2)（　　　　）　　(3)（　　　　）　　(4)（　　　　）

ア

イ

ウ

エ

4 トオルが自分の朝の日課について話します。その内容に合うように、表の（　）に日本語を書きましょう。

1つ8点〔32点〕

♪ t20

(1)	起きる時間	（　　　　　　　　　　）
(2)	いつもすること	（　　　　　　　　）こと
(3)	ときどきすること	（　　　　　　　　）こと
(4)	朝食に食べる物	（　　　　　　　　　　）

うら面の問題も解きましょう。

6 ジュンがケニアについて発表するために英語で文を書きました。メモの内容に合うように、 □ から英語を選んで、 ▭ に書きましょう。　　　　　1つ5点〔25点〕

【ケニアについてのメモ】

感想：すばらしい国

できること：たくさんの動物を見る

まとめ：動物が好きなので、行ってみたい。

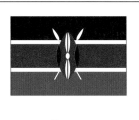 

Kenya is an ▭ country.
You ▭ ▭ many animals.
I like animals.
I ▭ to ▭ to Kenya.

want / go / can / see / amazing / eat / went

実力判定テスト

冬休みのテスト

時間 20分

名前

得点

/100点

音声

聞く

教科書 50〜85 ページ　答え 12 ページ

1 音声を聞いて、絵の内容と合っていれば〇、合っていなければ×を（　）に書きましょう。

1つ4点〔16点〕

♪ t21

(1)

（　　　　）

(2)
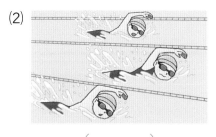
（　　　　）

(3)

（　　　　）

(4)

（　　　　）

2 音声を聞いて、それぞれの人が行きたい国とその理由を線で結びましょう。

1つ4点〔24点〕

♪ t22

(1)

Yuki　・　・ Spain　・　・

(2)

Ken　・　・ Australia　・　・

(3)

Nana　・　・ Italy　・　・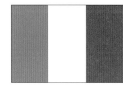

3 それぞれの人が夏休みに行った場所や行事で何をしたかを説明します。その場所を下の絵から選んで、記号を（　）に書きましょう。

1つ7点〔28点〕

(1) （　　　　　）　　(2) （　　　　　）　　(3) （　　　　　）　　(4) （　　　　　）

♪ t23

ア

イ

ウ

エ

4 ナホが英語でスピーチをします。その内容に合うように、表の（　）に日本語を書きましょう。

1つ8点〔32点〕

♪ t24

(1)	好きな教科	（　　　　　　　　　　　　　）
(2)	思い出の学校行事	（　　　　　　　　　　　　　）
(3)	学校行事で楽しんだこと	（　　　　　　　　　　）こと
(4)	(3)の感想	（　　　　　　　　　　　　　）

うら面の問題も解きましょう。

5 日本語に合うように、( )の中から正しいほうを選んで、◯◯で囲みましょう。

1つ5点〔25点〕

(1) あなたの夏休みはどうでしたか。

(What / How) was your summer vacation?

(2) [(1)に答えて] 私は遊園地へ行きました。楽しかったです。

I (went / go) to the amusement park.

It (is / was) fun.

(3) 私のいちばんの思い出は修学旅行です。

My best memory is the (school trip / swimming meet).

(4) 私はアイスクリームを食べました。

I (ate / saw) ice cream.

実力判定テスト **学年末のテスト**

時間 20分

名前　　　　　　　得点

/100点

●音声

教科書　14〜111ページ　答え　14ページ

聞く

1 音声を聞いて、絵の内容と合っていれば〇、合っていなければ×を（　）に書きましょう。

1つ4点〔16点〕

♪t25

(1)

（　　　　）

(2)

（　　　　）

(3)

（　　　　）

(4)

（　　　　）

2 音声を聞いて、それぞれの人の好きな教科となりたい職業を線で結びましょう。

1つ4点〔24点〕

♪t26

(1)

Taku

(2)

Emi

(3)

Satoru

6 ユウヤがメモを見ながらスピーチをします。メモの内容に合うように、┆┄┄┆から英語を選んで、▭ に書きましょう。

1つ5点〔20点〕

【スピーチのメモ】
できること：速く走る
得意なこと：絵を描く
将来なりたい職業：看護師
理由：人を助けたい

I'm Yuya.

I can ＿＿＿＿＿＿＿ fast.

I'm good at ＿＿＿＿＿

pictures.

I want to be a ＿＿＿＿＿.

I want to ＿＿＿＿＿

people.

┄┄┄┄┄┄┄┄┄┄┄┄┄┄┄┄┄┄┄┄┄┄┄┄┄┄┄┄┄
run / help / drawing / dancing / nurse / teacher
┄┄┄┄┄┄┄┄┄┄┄┄┄┄┄┄┄┄┄┄┄┄┄┄┄┄┄┄┄

名前 ／ 得点

／50点

●勉強した日 月 日

教科書 14〜111 ページ 答え 14 ページ

5 日本語に合うように、（ ）の中から正しいほうを選んで、▢で囲みましょう。

1つ5点〔30点〕

(1) 冬には雪祭りがあります。

We (have / want) a snow festival in winter.

(2) 私は算数が好きです。

I like (math / social studies).

(3) 私は消防士になりたいです。

I want to be (a firefighter / a pilot).

(4) 私は8時に風呂に入ります。

I (take / eat) a bath (with / at) 8 p.m.

(5) 私はキャンプを楽しみました。それはわくわくしました。

I enjoyed camping.

It was (delicious / exciting).

3 音声を聞いて、内容に合う絵を選んで、記号を（　）に書きましょう。

1つ7点〔28点〕

♪ t27

(1)（　　　　　）　　(2)（　　　　　　）　　(3)（　　　　　）　　(4)（　　　　　　）

ア

イ

ウ

エ

4 リナが英語でスピーチをします。その内容に合うように、表の（　）に日本語を書きましょう。

1つ8点〔32点〕

♪ t28

(1)	好きな教科	（　　　　　　　　　　　　　）
(2)	一生懸命に勉強したい教科	（　　　　　　　　　　　　　）
(3)	参加したい部活動	（　　　　　　　　　　　　　）
(4)	なりたい職業	（　　　　　　　　　　　　　）

うら面の問題も解きましょう。

⑲ 運動会

⑳ マラソン

㉑ 卒業式

㉒ エジプト

㉓ かんこく
韓国

㉔ イギリス

㉕ 花火

㉖ 祭り

㉗ 動物園

㉘ 町

fireworks

Egypt

marathon

festival

Korea

zoo

graduation ceremony

town

the U.K.

sports day

⑨  レスリング

⑩  デザート

⑪  カボチャ

⑫ 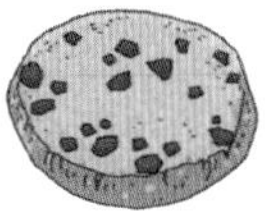 クッキー

⑬  海

⑭ 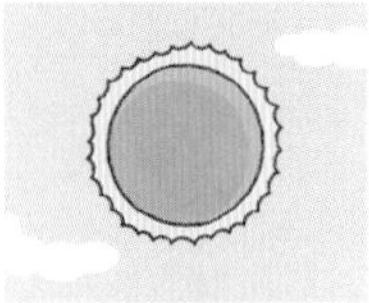 太陽

⑮ 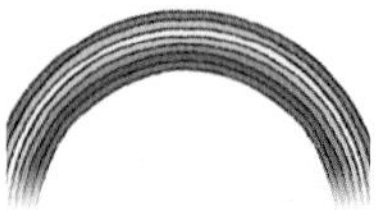 にじ

⑯  キリン

⑰  クジラ

⑱  アリ

cookie

ant

sun

pumpkin

wrestling

rainbow

dessert

giraffe

sea

whale

折り返し地点！
うら面もあるよ！

実力判定テスト

6年生の単語 **38** 語を書こう！

単語リレー

時間 **30**分

名前

単語カード **1** 〜 **156**

答え 16 ページ

6年生のわくわく英語カードで覚えた単語のおさらいです。絵に合う単語を［┈┈］から選び、￣￣￣に書きましょう。

❶

お笑い芸人

❷

科学者

❸
作家

❹
めがね

❺

ラケット

❻

かさ

❼

ラグビー

❽

サーフィン

writer

racket

rugby

umbrella

surfing

scientist

glasses

comedian

㉙ 書店

㉚ 神社

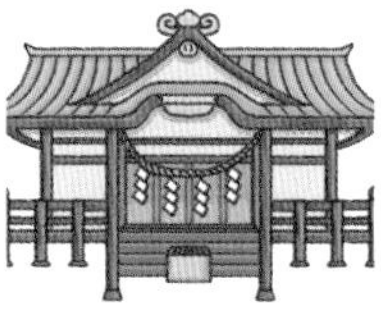

㉛ 美しい

㉜ （背が）高い

㉝ あまい

㉞ すっぱい

㉟ 楽しむ

㊱ 教える

㊲ 夕食を食べる

㊳ 皿をあらう

tall

sweet

shrine

enjoy

wash the dishes

beautiful

eat dinner

teach

bookstore

sour

採点をして正しく書けた語数を入れよう！

語/38語 クリア！

答えとてびき

「答えとてびき」は、とりはずすことができます。

開隆堂版

英語 6 年

使い方

まちがえた問題は、もう一度よく読んで、なぜまちがえたのかを考えましょう。音声を聞きなおして、あとに続いて言ってみましょう。

Lesson 1　This is me.

20ページ　聞いて練習のワーク

❶ (1) ○　(2) ×　(3) ○　(4) ×

❷ (1)  Taku　(2) 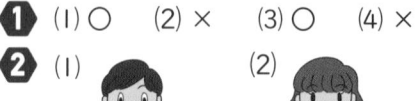 Emi　(3)  Ken

てびき ❶ 聞きとりのポイントは swim（泳ぐ）、play the piano（ピアノを弾く）、ski（スキーをする）、dance（おどる）です。
❷ Do you like ～? とたずねられて、「はい、好きです」と答えるときは Yes, I do. と言います。「いいえ、好きではありません」と答えるときは No, I don't. と言います。

🔊 **読まれた英語**

❶ (1) I can swim.
(2) I can play the piano.
(3) I can ski.　　(4) I can dance.
❷ (1) Do you like baseball, Taku? – Yes, I do.
(2) Do you like soccer, Emi? – Yes, I do.
(3) Do you like badminton, Ken?
– No, I don't.　I like basketball.

21ページ　まとめのテスト

1 (1) No, I'm not.

(2) Yes, I can.

(3) Yes, I do.

2 (1) Are you good at swimming?

(2) Yes, I am.

てびき **1** (1) Are you from ～? は「あなたは～出身ですか」という意味です。Yes, I am. または No, I'm not. で答えます。
(2) Can you ～? は「あなたは～することができますか」という意味です。Yes, I can. または No, I can't. で答えます。
(3) Do you want ～? は「あなたは～がほしいですか」という意味です。Yes, I do. または No, I don't. で答えます。
2 「あなたは～が得意ですか」は Are you good at ～? でたずねます。Yes, I am. または No, I'm not. で答えます。

1

Lesson 2　Welcome to Japan.

聞いて練習のワーク

❶ (1) ウ　(2) ア　(3) イ　(4) エ

❷ (1) Snow Festival　(2) festival　(3) Doll Festival

famous　 beautiful　 exciting

てびき

❶ We have ～. は、「(私たちには)～があります」という意味です。町や地域にある名所などをしょうかいするときに使う表現です。「～」の部分のことばに注意して聞きましょう。

❷ We have ... in ～. は「～には…があります」という意味です。「...」には名所や行事、「～」にはそれがある地域や県、行事などが行われる季節や月が入ります。名所や行事、地域や県、季節や月を表すことばをしっかりと結びつけて聞きましょう。It's ～. は「それは～です」と前に言ったものに説明を加えるときに使う表現です。「～」には様子などを表すことばが入ります。

読まれた英語

❶ (1) We have a castle in our town.
(2) We have a hot spring in our town.
(3) We have a garden in our town.
(4) We have a shrine in our town.

❷ (1) We have the Snow Festival in Sapporo. It's famous.
(2) We have a festival in summer. It's exciting.
(3) We have Doll Festival in March. It's beautiful.

まとめのテスト

❶ (1) 寺　　(2) 自然
(3) 浜辺（はまべ）　(4) 山　　(5) 雪

❷ (1) You can see many castles.

(2) You can eat apples.

(3) It's delicious.

てびき

❶ 「神社」は shrine と言います。

❷ (1)「あなたは～を見ることができます」はYou can see ～. と言います。many は「たくさんの」という意味です。英語では同じものが2つ以上あるとき、ものを表すことばの最後にs や es をつけて表します。「たくさんの城」なので castles となります。

(2)「あなたは～を食べることができます」はYou can eat ～. と言います。

(3)「それは～です」と先に言ったことに説明を加えるときは、It's ～. を使います。ここでは「～」には様子を表すことばdelicious が入ります。

なお、We have ～. は「(私たちには)～があります」という意味です。

2

44ページ　聞いて練習のワーク

1 (1) エ　(2) イ　(3) ア　(4) ウ

2
(1) Yuki
(2) Emi
(3) Taku
(4) Ken

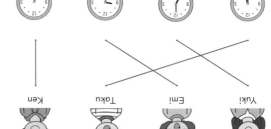

でうき

1 (1) do my homework は「宿題をする」、(2) take a bath は「風呂に入る」、(3) wash the dishes は「皿を洗う」、(4) walk my dog は「犬を散歩させる」という意味です。

2 英語で時刻は〈時＋分〉の順で表します。時刻表を手がかりに「~分」を表す英単語の読み方をスラスラと聞き取れるように練習しましょう。絵の長いうでを選び出しましょう。
fifteen (15分)、twenty (20分)、
thirty (30分)、forty (40分)、
forty-five (45分)、fifty (50分)

流れてきた英語

1 (1) I do my homework.
(2) I take a bath.
(3) I wash the dishes.
(4) I walk my dog.

2 (1) What time do you eat dinner, Yuki?
　– I eat dinner at 7:00.
(2) What time do you go to bed, Emi?
　– I go to bed at 9:30.
(3) What time do you go home, Taku?
　– I go home at 5:30.
(4) What time do you get up, Ken?
　– I get up at 6:30.

45ページ　まとめのテスト

1 (1) 学校へ行く
(2) テレビを見る
(3) 朝食[あさ]にごはんを食べる
(4) 夕食[ゆう]にパンを食べる

2 (1) always　(2) sometimes　(3) usually

でうき

1 eat breakfast (朝食を食べる)、go home (家へ帰る) などの日課を表すことばはいっしょに覚えましょう。ねる前にすることは、eat ~ for ... で「…に~を食べる」という意味です。

2 (1) always、(2) sometimes、(3) usually は頻度[ひんど]を表すことばです。これらのことばは、ふつう get up などの動作を表すことばの前に置きます。また、at 6:00 (6時に) のように、〈at + 時刻〉で「~時に」と時刻を表します。

47ページ　チャレンジリーダー

(1) get up

(2) ① 6 (時)　② 12 (時) 40 (分)

(3) サッカー

でうき

(1) at ~ で「~時に」と時刻を表します。get up は「起きる」という意味です。

(2) ①「学校へ行く」は go to school.　②「家へ帰る」は go home と言います。

(3) play soccer は「サッカーをする」という意味です。with my friends で「私の友だちと、いっしょに」という意味です。sometimes で「ときどき」が入ります。「私の友だち」は friends でしょう。

56 ページ 聞いて練習のワーク

❶ (1)ウ　(2)ア　(3)エ　(4)イ
❷ (1)キ　(2)ウ　(3)オ　(4)イ

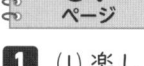 **てびき**　❶ I went to ～. は「私は～へ行きました」という意味です。
(1) zoo (動物園)、(2) river (川)、(3) amusement park (遊園地)、(4) swimming pool (プール) など建物や自然を表すことばを覚えましょう。amusement park は前に an をつけることに注意しましょう (a ではありません)。
❷ (1) I enjoyed ～. は「私は～を楽しみました」、(3) I ate ～. は「私は～を食べました」、(4) It was ～. は「それは～でした」という意味です。It (それは) は、ここでは a hamburger (ハンバーガー) をさしています。

📢 読まれた英語

❶ (1) I went to a zoo.
　(2) I went to a river.
　(3) I went to an amusement park.
　(4) I went to a swimming pool.
❷ I enjoyed cycling.
　I went to the sea.
　I ate a hamburger.
　It was delicious.

57 ページ まとめのテスト

❶ (1)楽しい　　(2)よい　　(3)買い物
　(4)わくわくする　　　(5)ハイキング
❷ (1) saw　(2) ate　(3) enjoyed

てびき　❶ 「山登り」は climbing で表すことができます。
❷ 同じ動作であっても、「～します」に対して、「～しました」と過去に行ったことを表すときは、ちがう形になります。see、eat、enjoy が「～します」を表す形で、saw、ate、enjoyed が「～しました」という過去の動作を表す形です。

59 ページ リーディングレッスン

(1) 祖父母の家
(2) ①ダイビング
　　②(たくさんの美しい)魚

(3) **the beach**

てびき　(1) 4 文目に、I went to my grandparents' house. とあります。I went to ～. は「私は～へ行きました」という意味です。
(2) ① 5 文目に We enjoyed diving. とあります。② 6 文目に We saw many beautiful fish. とあります。saw は see (見る) の過去の動作を表す形です。また、fish は 2 ひき以上を表す場合でも形がかわりません。
(3) 8 文目に、Then, we cleaned the beach. とあります。cleaned は clean (掃除する) の過去の動作を表す形です。

Lesson 5　Where do you want to go?

 **68 ページ** 聞いて練習のワーク

❶ (1)エ　(2)ア　(3)ウ　(4)イ

❷ (1)　　　(2)　　　(3)　　　(4)

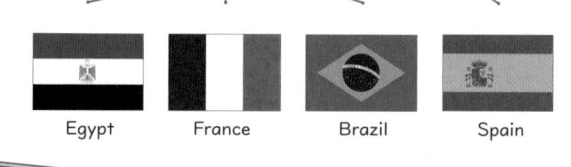

Ken　　Yuki　　Taku　　Emi

Egypt　France　Brazil　Spain

てびき

❶ I want to see 〜. は「私は 〜 が見たいです」、I want to eat 〜. は「私は 〜 が食べたいです」という意味です。また、〈in+ 国名〉で「〜（の国）で」という意味です。国名を表すことばは、強く読むところに注意して聞き取りましょう。

❷ Where do you want to go? は「あなたはどこに行きたいですか」、I want to go to 〜. は「私は〜に行きたいです」という意味です。Brazil（ブラジル）、France（フランス）、Spain（スペイン）、Egypt（エジプト）などの国名を表すことばもいっしょに覚えましょう。

📢 **読まれた英語**

❶ (1) I want to see pandas in China.
　(2) I want to eat curry in India.
　(3) I want to eat *sushi* in Japan.
　(4) I want to see koalas in Australia.

❷ (1) Where do you want to go, Ken?
　　– I want to go to Brazil.
　(2) Where do you want to go, Yuki?
　　– I want to go to France.
　(3) Where do you want to go, Taku?
　　– I want to go to Spain.
　(4) Where do you want to go, Emi?
　　– I want to go to Egypt.

まとめのテスト　**69 ページ**

1 (1) 中国
　(2) アメリカ合衆国
　(3) ケニア
　(4) エジプト
　(5) イギリス

2 (1) Italy is a nice country.

　(2) You can eat pizza.

てびき

1 国名を表すことばは、文の途中でも最初の文字を大文字にしますが、アメリカ合衆国を表す the U.S.A.、イギリスを表す the U.K. の the は、文のはじめにくるとき以外は最初の文字を小文字で書くことに注意しましょう。イタリアは Italy です。

2 (1)「〜は…な国です」は 〜 is a[an] ... country. と言います。
　(2)「あなたは〜できます」は You can 〜. と言います。「ピザを食べる」は eat pizza と言います。see koalas は「コアラを見る」という意味です。

リーディングレッスン　**71 ページ**

(1) ①楽しむ　②自転車

(2) the U.S.A.

(3) 人々 [人]、動物、自然

てびき

You can 〜. は「あなたは〜することができます」という意味です。ポートランドの特ちょうとそこでできることに注意して、英語の文を読みましょう。2 文目と 5 文目の It は Portland をさしています。

5

Lesson 6　My Best Memory

76 ページ　聞いて練習のワーク

❶ (1)イ　(2)エ　(3)ウ　(4)ア

❷ (1) Nana　(2) Toru　(3) Ai　(4) Kei

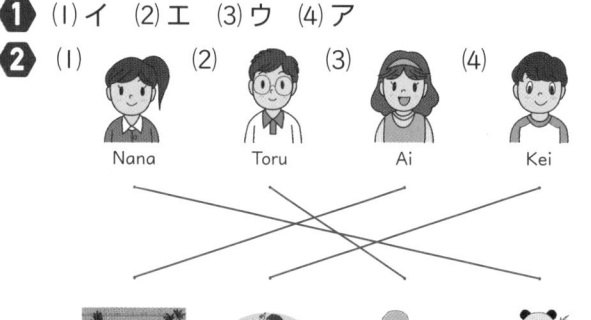

てびき

❶ My best memory is 〜. は、「私のいちばんの思い出は〜です」という意味です。「〜」の部分で読まれることばを注意して聞き、答えましょう。

❷ ものを表すことばだけでなく、過去の動作を表すことばの意味にも気をつけて聞きましょう。(1)I saw a cute panda. は「私はかわいいパンダを見ました」、(2)I ate delicious ice cream. は「私はおいしいアイスクリームを食べました」、(3)I went to a beautiful garden. は「私は美しい庭へ行きました」、(4)I enjoyed dancing. は「私はダンスを楽しみました」という意味です。

📢 読まれた英語

❶ (1) My best memory is the hiking.

(2) My best memory is the school trip.

(3) My best memory is the graduation ceremony.

(4) My best memory is the drama festival.

❷ (1) What is your best memory, Nana?

　 – I saw a cute panda.

(2) What is your best memory, Toru?

　 – I ate delicious ice cream.

(3) What is your best memory, Ai?

　 – I went to a beautiful garden.

(4) What is your best memory, Kei?

　 – I enjoyed dancing.

77 ページ　まとめのテスト

❶ (1) 運動会

(2) 水泳大会

(3) 入学式

(4) ボランティアデー

(5) 卒業式

❷ (1) What is your best memory?

(2) My best memory is the music festival.

てびき

❶ 長いことばも、swimming（水泳）や volunteer（ボランティア）など、ヒントになることばに注意して意味を覚えましょう。また、entrance ceremony、graduation ceremony の ceremony には「式、儀式」という意味があります。

❷ (1)「あなたのいちばんの思い出は何ですか」は What is your best memory? と言います。「〜は何ですか」とたずねるときは、文の最初に what を置きます。答えを選ぶときのヒントにしましょう。

(2)「私のいちばんの思い出は〜です」は My best memory is 〜. と言います。I like the music festival. は「私は音楽祭が好きです」という意味です。

6

リーディングレッスン

(1) ①安全　②きれい　③地球

(2) | a scientist |

(3) 遠足

てびき

(1) 4文目と5文目に注目しましょう。safe（安全な）、clean（きれいな）、kind to the earth（地球にやさしい）とあります。and は「～と…」と2つ以上のことばをならべるときに使います。

(2) 7文目に I want to be a scientist.（私は科学者になりたいです）とあります。I want to be ～. は「私は～になりたいです」という意味です。

(3) 1文目に My best memory is the field trip.（私のいちばんの思い出は遠足です）とあります。

Lesson 7　My Dream

聞いて練習のワーク

❶ (1) イ　(2) ア　(3) エ　(4) ウ

❷ (1)

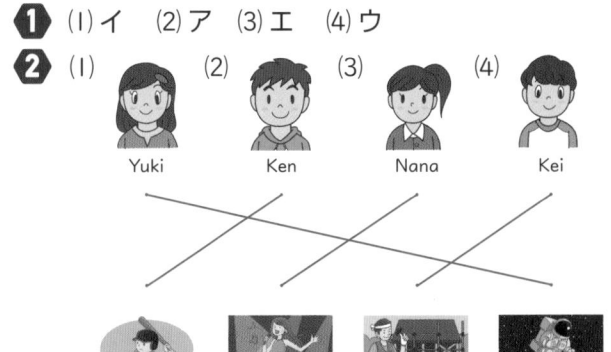

Yuki　Ken　Nana　Kei

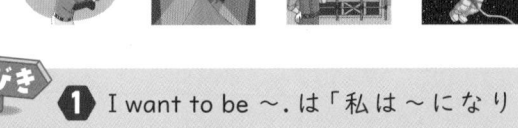

てびき

❶ I want to be ～. は「私は～になりたいです」という意味です。

❷ What do you want to be? は「あなたは何になりたいですか」という意味です。

(1) an は、astronaut のように an のあとに続くことばの最初の発音が［ア・イ・ウ・エ・オ］に似た音のときに a のかわりに使います。また、an apple［アナプル］のように、an は次のことばとつなげて読まれることがあります。

📣 **読まれた英語**

❶ (1) I want to be a nurse.
　(2) I want to be a teacher.
　(3) I want to be a firefighter.
　(4) I want to be a bus driver.

❷ (1) What do you want to be, Yuki?
　　　– I want to be an astronaut.
　(2) What do you want to be, Ken?
　　　– I want to be a baseball player.
　(3) What do you want to be, Nana?
　　　– I want to be a singer.
　(4) What do you want to be, Kei?
　　　– I want to be a carpenter.

まとめのテスト

1 (1) 話す

(2) おどる

(3) コメディアン

(4) 警察官（けいさつかん）

(5) 消防士

2 (1) I'm good at singing.

(2) I want to help many people.

てびき

1 (1)(2) speak は「話す」、dance は「おどる」という意味の動作を表すことばです。dance に -r がつくと dancer「ダンサー」です。動作を表すことばに -er または -r がつくと、それをする人を表すことばになることがあります。

(4) a police officer は「（１人の）警察官」という意味ですが、police だけだと「（組織や警察官全体としての）警察」という意味になります。

2 (1)「私（わたし）は～が得意です」は I'm good at ～. と言います。「～」には singing のような動作を表すことばに ing をつけた形や math や baseball など教科やスポーツなどを表すことばが入ります。

(2)「私は～したいです」は I want to ～. と言います。「～」には「したいこと」を表すことばを入れます。

リーディングレッスン

(1) 空

(2) an astronaut

(3) 安全、悲し、安全

てびき

(1) 7 文目に I look at the sky every day. とあります。look at ～ は「～を見る」という意味です。

(2) 2 文目に I want to be an astronaut.（私は宇宙飛行士（うちゅうひこうし）になりたいです）とあります。I want to be ～. は「私は～になりたいです」という意味です。将来（しょうらい）の夢について言うときに使う表現です。

(3) 3 文目に My country was not safe.（私の国は安全ではありませんでした）とあります。not は「～ではない」という意味です。5 文目に I was sad.（私は悲しかったです）とあります。sad は「悲しい」という感情を表すことばです。6 文目に Now I'm safe.（今、私は安全です）とあります。now は「今」という意味です。I'm は I am を短くした形です。3 文目と 5 文目の was は「～でした」と過去のことを言うときに使い、6 文目の am は「～です」と現在のことを言うときに使います。

Lesson 8　My Junior High School Life

❶ (1) ウ　(2) ア　(3) エ　(4) イ

❷ (1)　　　　 (2)　　　　 (3)　　　　 (4)

Ai　　　　Taku　　　Emi　　　Satoru

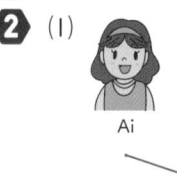

てびき ❶ I want to study ～ hard. は「私は～
を一生懸命に勉強したいです」という意味です。
science「理科」、English「英語」、math「算
数（数学）」、 social studies「社会」など、
教科を表すことばを覚えましょう。
❷ I want to join ～. で「私は～に入りたいです」
という意味です。「～」には部活動を表すこと
ばなどが入ります。join は「～に入る」という
意味です。science club（科学部）、tennis team
（テニス部）、art club（美術部）、soccer team
（サッカー部）を覚えましょう。
「～部」を表すことばに team と club がありま
す。おもに、team は運動系の部に、club は文
化系の部に使うことが多いです。

📢 読まれた英語

❶ (1) I want to study science hard.
　 (2) I want to study English hard.
　 (3) I want to study math hard.
　 (4) I want to study social studies hard.
❷ (1) I'm Ai.　I want to join the science club.
　 (2) I'm Taku.　I want to join the tennis team.
　 (3) I'm Emi.　I want to join the art club.
　 (4) I'm Satoru.　I want to join the soccer
　　　 team.

101 ページ　まとめのテスト

❶ (1) 合唱部
　 (2) ブラスバンド部
　 (3) 野球部
　 (4) 体育
　 (5) 図画工作

❷ (1) I like music.

　 (2) I want to study Japanese hard.

　 (3) I want to join the art club.

てびき ❶「～部」と言うとき、team または
club を使いますが、使わないものもあります。
(1)の chorus（合唱部）、(2)の brass band（ブラ
スバンド部）は使わないことが多いです。
❷ (1) 好きな教科について「私は～が好きです」
　 は I like ～. と言います。「音楽」は music です。
　 (2)「私は～を一生懸命に勉強したいです」は、I
　 want to study ～ hard. と言います。「国語」
　 は Japanese です。
　 (3)「私は～に入りたいです」は I want to join
　 ～. と言います。部活動を表すことばの前に
　 the をつけるのを忘れないようにしましょう。

実力判定テスト　答えとてびき……………………

夏休みのテスト

1 (1)○　(2)○　(3)×　(4)×

2 (1)

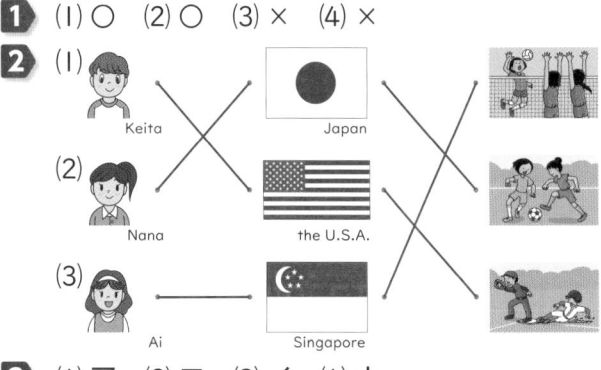

Keita / Japan
Nana / the U.S.A.
Ai / Singapore

3 (1)ア　(2)エ　(3)イ　(4)ウ

4 (1)6時　(2)皿を洗う　(3)犬を散歩させる
(4)パン

5 (1) What　time

(2) can

(3) shrines　(4) delicious

6
My name is Saki.
I'm good at
singing .
I never dance .
I want beautiful flowers.

てびき　　**1** 音声の意味は(1) mountain は「山」、
(2) spring は「春」、(3) rice は「ごはん、米」、(4)
castle は「城」です。

2 (1)「こんにちは、私はケイタです。私はアメ
リカ合衆国出身です。私は野球が好きです」

(2)「こんにちは、私はナナです。私は日本出身
です。私はサッカーが好きです」

(3)「こんにちは、私はアイです。私はシンガ
ポール出身です。私はバレーボールが好き
です」

3 Can you ～? は「あなたは～することができ
ますか」と相手にできるかどうかをたずねる表
現です。できるときは、Yes, I can. と、でき
ないときは No, I can't. と答えます。

(1)「ケイタ、あなたは一輪車に乗ることができ
ますか」という質問に、「はい、できます。
私は一輪車にじょうずに乗ることができま
す」と答えています。

(2)「カナ、あなたは泳ぐことができますか」と
いう質問に、「いいえ、できません。私は泳
げません。でも、私は速く走ることができ
ます」と答えています。

(3)「レナ、あなたはスケートをすることができ
ますか」という質問に、「はい、できます。
私はスケートをすることが得意です。私は
冬が好きです」と答えています。I'm good at
～. は「私は～が得意です」という意味です。

(4)「トム、あなたはピアノを弾くことができま
すか」という質問に「いいえ、できません。
でも、私はギターを弾くことができます。
私は音楽が好きです」と答えています。

4 時刻や頻度を表すことば、日課を表すことば
に注意して聞きます。always と sometimes は
頻度を表すことばです。always は「いつも」と
いう意味で、必ずする行動に使います。また、
sometimes は「ときどき」という意味で、とき
どきする行動に使います。

読まれた英語の意味は「こんにちは、私はトオ
ルです。私は6時に起きます。私はいつも皿
を洗います。私はときどき犬を散歩させます。
私は朝食にパンを食べます」です。

5 (1)「あなたは何時に～しますか」は What
time do you ～? です。「ねる」は go to bed
です。

(2)「あなたは～することができます」は You
can ～. です。「食べる」は eat です。

(3)「～には…があります」は We have ... in ～.
です。「神社」は shrine です。2つ以上ある
場合は shrines と s をつけます。

(4)「おいしい」は delicious です。

6 自分が得意なことは I'm good at ～. で表し
ます。「歌うこと」は singing です。3文目の
never は「けっして～ない」という意味です。
メモの「しないこと」に「おどる」とあります。
「おどる」は dance です。want は「ほしい」と
いう意味です。メモの「ほしいもの」に「美し
い花」とあります。「美しい」は beautiful です。

1 (1) mountain

(2) spring

(3) rice

(4) castle

2 (1) Hello, I'm Keita.

I'm from the U.S.A.

I like baseball.

(2) Hello, I'm Nana.

I'm from Japan.

I like soccer.

(3) Hi, I'm Ai.

I'm from Singapore.

I like volleyball.

3 (1) Keita, can you ride a unicycle?

— Yes, I can.

I can ride a unicycle well.

(2) Kana, can you swim?

— No, I can't.

I can't swim.

But I can run fast.

(3) Rena, can you skate?

— Yes, I can.

I'm good at skating.

I like winter.

(4) Tom, can you play the piano?

— No, I can't.

But I can play the guitar.

I like music.

4 Hello, I'm Toru.

I get up at 6:00.

I always wash the dishes.

I sometimes walk my dog.

I eat bread for breakfast.

冬休みのテスト

1 (1)○ (2)× (3)○ (4)×

2 (1)

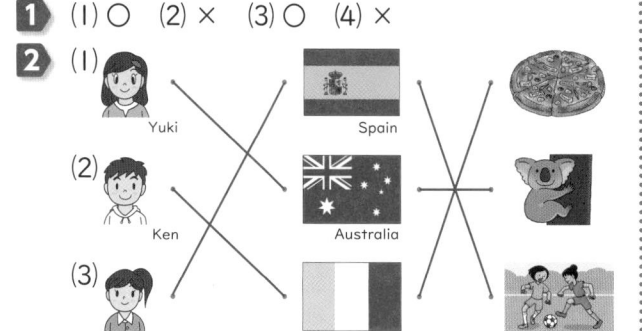

3 (1)イ (2)ア (3)エ (4)ウ

4 (1)音楽 (2)音楽祭 (3)歌を歌う
(4)わくわくした

5 (1)How (2)went / was
(3)school trip (4)ate

6

Kenya is an ⌈amazing⌉
country.
You ⌈can⌉ ⌈see⌉
many animals.
I like animals.
I ⌈want⌉ to ⌈go⌉
to Kenya.

てびき

1 音声の意味は(1) shopping は「買い物」、(2) cycling は「サイクリング」、(3) hiking は「ハイキング」、(4) volunteer day は「ボランティアデー」です。

2 Where do you want to go?（あなたはどこへ行きたいですか）という質問に、I want to go to〈国の名前〉. の形で答えています。Why?（なぜですか）と理由をたずねる質問には、I want to〈動作を表すことば〉. の形で「したいこと」を答えています。

(1) Australia は「オーストラリア」、see koalas は「コアラを見る」という意味です。

(2) Italy は「イタリア」、eat delicious pizza は「おいしいピザを食べる」という意味です。

(3) Spain は「スペイン」、watch soccer games は「サッカーの試合を見る」という意味です。

3 (1)「私（わたし）はトラを見ました。それは大きかったです」と言っているので、動物園。

(2)「私は友だちと山登りを楽しみました。それは楽しかったです」と言っているので、山。

(3)「私はつりを楽しみました。それはよかったです」と言っているので、川。

(4)「私は夏祭りを楽しみました。私は多くの店を見ました。それはすばらしかったです」と言っているので、祭り。

4 My best memory is ～. は「私のいちばんの思い出は～です」という意味です。「～」には思い出の行事などがきます。I enjoyed ～. は「私は～を楽しみました」という意味です。enjoyed は「楽しんだ」と過去のことを表します。
読まれた英語の意味は「こんにちは、私はナホです。私は音楽が好きです。私のいちばんの思い出は音楽祭です。私は歌を歌うことを楽しみました。それはわくわくしました」です。

5 (1)「～はどうでしたか」と過去のできごとの感想をたずねるときは How was ～? と言います。

(2)「～へ行った」は went to ～です。「それは～でした」と過去のできごとの感想を言うときは It was ～. で表します。go と is は現在のことを言うときに使うことばです。

(3)「修学旅行」は school trip です。swimming meet は「水泳大会」です。

(4)「食べた」は ate。saw は「見た」という意味です。両方とも過去の動作を表すことばです。

6 「ケニアはすばらしい国です。あなたはたくさんの動物を見ることができます。私は動物が好きです。私はケニアに行きたいです」
amazing（すばらしい）は「ア、イ、ウ、エ、オ」のアに似た音から始まるので、an を前に置きます。「～したい」は want to ～で表します。go to ～は「～に行く」という意味です。

12

1
  (1) shopping
  (2) cycling
  (3) hiking
  (4) volunteer day

2
  (1) Yuki, where do you want to go?
    — I want to go to Australia.
    Why?
    — I want to see koalas.
  (2) Ken, where do you want to go?
    — I want to go to Italy.
    Why?
    — I want to eat delicious pizza.
  (3) Nana, where do you want to go?
    — I want to go to Spain.
    Why?
    — I want to watch soccer games.

3
  (1) I saw a tiger. It was big.
  (2) I enjoyed climbing with my friends.
    It was fun.
  (3) I enjoyed fishing. It was good.
  (4) I enjoyed the summer festival. I saw
    many shops. It was amazing.

4
  Hello, I'm Naho. I like music. My best
  memory is the music festival. I enjoyed
  singing songs. It was exciting.

学年末のテスト

1 (1) × (2) ○ (3) × (4) ×

2 (1)

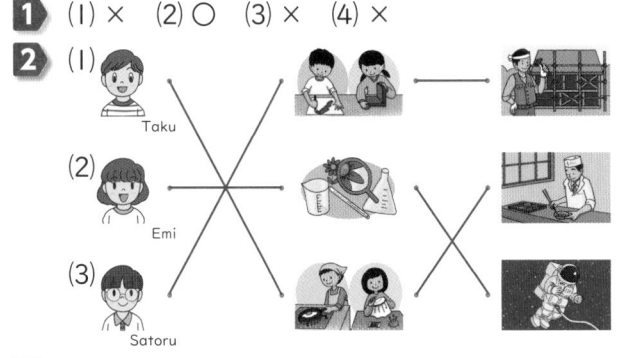

(2)

(3)

3 (1) エ (2) ウ (3) イ (4) ア

4 (1) 体育

(2) 音楽

(3) 合唱部

(4) 歌手

5 (1) have (2) math (3) a firefighter

(4) take / at (5) exciting

6

I'm Yuya.

I can run fast.

I'm good at drawing

pictures.

I want to be a nurse.

I want to help

people.

てびき　**1**　音声の意味は(1) police officer は「警察官」、(2) art club は「美術部」、(3) baseball team は「野球部」、(4) doctor は「医師」です。

2　I want to be〈職業〉.で「私は〈職業〉になりたいです」という意味です。

(1)「私はタクです。私は家庭科が好きです。私は料理人になりたいです」

(2)「私はエミです。私は理科が好きです。私は宇宙飛行士になりたいです」

(3)「私はサトルです。私は図画工作が好きです。私は大工になりたいです」

3 (1)「あなたは何になりたいですか」「私はじゅう医師になりたいです。私は動物を助けたいです」　What do you want to be? は、相手につきたい職業をたずねるときに使います。

(2)「あなたはどこに行きたいですか」「私はフランスに行きたいです。私たちはたくさんの城を見ることができます」　Where do you want to go? は、相手に行きたい場所をたずねるときに使います。

(3)「あなたのいちばんの思い出は何ですか」「私のいちばんの思い出はハイキングです。山でハイキングを楽しみました」　What is your best memory? は、相手のいちばんの思い出をたずねるときに使います。答えるときは My best memory is ～. と言います。

(4)「あなたは算数が得意ですか」「はい、得意です。私は先生になりたいです」　Are you good at ～? は、相手に得意かどうかをたずねるときに使います。

4　I want to study〈教科〉. は「私は〈教科〉を勉強したいです」という意味です。I want to join ～. は「私は～に入りたいです」という意味です。「～」には入りたい部活動の名などがきます。

読まれた英語の意味は「こんにちは、私はリナです。私は体育が好きです。私は音楽を一生懸命に勉強したいです。私は合唱部に入りたいです。私は歌手になりたいです」です。

5 (1)「～があります」は We have ～. で表します。want は「ほしい」という意味です。

(2)「算数」は math です。social studies は「社会」です。I like ～. で「私は～が好きです」と好きなものを言うことができます。

(3)「消防士」は firefighter です。pilot は「パイロット」です。職業を表すことばの前に a や an をつけます。

単語リレー

① comedian	② scientist
③ writer	④ glasses
⑤ racket	⑥ umbrella
⑦ rugby	⑧ surfing
⑨ wrestling	⑩ dessert
⑪ pumpkin	⑫ cookie
⑬ sea	⑭ sun
⑮ rainbow	⑯ giraffe
⑰ whale	⑱ ant
⑲ sports day	⑳ marathon
㉑ graduation ceremony	
㉒ Egypt	㉓ Korea
㉔ the U.K.	㉕ fireworks
㉖ festival	㉗ zoo
㉘ town	㉙ bookstore
㉚ shrine	㉛ beautiful
㉜ tall	㉝ sweet
㉞ sour	㉟ enjoy
㊱ teach	
㊲ eat dinner	
㊳ wash the dishes	

読まれた英語

1 (1) police officer　(2) art club
(3) baseball team　(4) doctor

2 (1) I'm Taku. I like home economics. I want to be a cook.
(2) I'm Emi. I like science. I want to be an astronaut.
(3) I'm Satoru. I like arts and crafts. I want to be a carpenter.

3 (1) What do you want to be?
— I want to be a vet.
I want to help animals.
(2) Where do you want to go?
— I want to go to France.
We can see many castles.
(3) What is your best memory?
— My best memory is the hiking.
I enjoyed hiking in the mountains.
(4) Are you good at math?
— Yes, I am.
I want to be a teacher.

4 Hello, I'm Rina.
I like P.E.
I want to study music hard.
I want to join the chorus.
I want to be a singer.

(4) 「風呂に入る」は take a bath と言います。「〜時に」と、時刻を表すときは at を使います。eat は「食べる」、with it は「〜と一緒に」という意味です。

(5) 「わくわくする」は exciting です。delicious は「おいしい」という意味です。「It was 〜.」「それは〜でした」と過去のことについて述べています。

6 「私はコックです。私は作ることができます。この絵を描きます。私は看護婦です。私は絵を描くことが好きです。私は人々を助けたいです。」